Guía para el docente y solucionarios

Promoción turística local e información al visitante

ic editorial

Editado por: IC Editorial
c/ Cueva de Viera, 2, Local 3
Centro Negocios CADI
29200 Antequera (Málaga)
Teléfono: 952 70 60 04
Fax: 952 84 55 03
Correo electrónico: iceditorial@iceditorial.com
Internet: www.iceditorial.com

Guía para el docente y solucionarios:
Promoción turística local e información al visitante

1ª Edición

ISBN: 979-13-7027-156-5
Depósito Legal: MA 305-2026

Impresión: PODiPrint
Impreso en Andalucía - España

Índice

Bloque 1
Guía para el docente: técnicas de enseñanza y aprendizaje

Contenido

1. Introducción

El presente capítulo está destinado a ofrecer al cuerpo docente responsable de la enseñanza del programa de cualificaciones profesionales y certificados de profesionalidad, una guía metodológica para obtener el máximo rendimiento de los contenidos formativos que han sido desarrollados para el presente título.

La mejora de las habilidades comunicativas y la aplicación de una metodología contrastada de enseñanza, aprendizaje y evaluación permitirá transmitir el conocimiento y adquirir el programa formativo de la forma más efectiva y práctica posible.

Estudiaremos cuáles son los principales elementos que forman parte de la comunicación profesor-alumno, a través de una cuidada selección de sistemas de planificación de estrategias didácticas, así como la utilización de medios y recursos didácticos.

La integración de todas las actividades planificadas alrededor de un plan de formación adaptado e individualizado, aumentará además la satisfacción del alumnado por la utilización de un sistema no lineal e interactivo que se retroalimenta gracias a la relación establecida entre la propia metodología y los actores que forman parte de la enseñanza.

2. El programa de formación

Una de las claves del éxito de la mayoría de las actividades que se realizan en general, y concretamente en la formación, es la **programación.** Es necesaria la programación de las acciones formativas, para que así se pueda alcanzar el objetivo final, es decir, que el alumno obtenga una buena capacitación y adquiera nuevos conocimientos en su repertorio y que, después, sea capaz de emplearlos en su trabajo.

2.1. Definición de programación

Cuando se habla de **programación,** se pueden encontrar multitud de definiciones. Para sintetizar, se podría definir como la actividad de enunciar lo que se quiere hacer (objetivos, contenidos, métodos, temporalización, medios y recursos didácticos y evaluación).

 Definición

Programación
Es un plan donde se establecen las acciones que se van a realizar en un proceso de enseñanza-aprendizaje, por medio de un formador o un equipo.

A continuación, se va a describir una serie de características que tiene que tener una programación didáctica:

- Dinámica. Una programación no es estática ni está acabada, siempre está en constante revisión, de ahí su dinamismo. Además va cambiando o evolucionando según los resultados de la evaluación continua que se va realizando durante la ejecución de la acción.
- Flexible. Esta característica permite que se puedan hacer cambios, ampliaciones, reducciones y actualizaciones de los contenidos y actividades programadas, según las necesidades que se observen.
- Creativa. La programación como es un diseño propio y exclusivo, exige creatividad y originalidad. El docente es el que decide sobre el quehacer en el aula teniendo en cuenta las características del grupo, las necesidades que se pretenden satisfacer y las propias posibilidades.
- Prospectiva. La programación consiste en hacer un pronóstico de la interacción que se va a producir en el aula.

- Sistemática. La programación es un proceso sistematizador que da coherencia a la acción formativa, ya que tiene en cuenta todos los elementos (objetivos, contenidos, métodos, temporalización, medios y recursos pedagógicos y evaluación) que intervienen en el acto educativo y analiza sus relaciones.
- Integradora. Permite integrar elementos de cualificación técnico-profesionales con elementos de cualificación personal de alumnado.
- Funcional. Toda programación debe basarse en el perfil profesional de la ocupación y estructurar los contenidos formativos que proporcionan las competencias de ésta.

2.2. Elementos de la programación

Antes de empezar cualquier programación formativa, es necesario tener en cuenta los datos obtenidos del análisis de la ocupación y del grupo al que se dirige la acción formativa. A partir de esta información, se determinan los elementos que van a conformar la programación.

Cuando se realiza la programación de un curso, hay que plantearse previamente las siguientes preguntas:

1. ¿Qué quiero conseguir con la formación?	**OBJETIVOS**
2. ¿Qué conocimientos deben asimilar los alumnos para alcanzar los objetivos propuestos?	**CONTENIDOS DEL CURSO**
3. ¿Cómo trabajamos en el aula? ¿Qué actividades son las que realizamos?	**MÉTODOS DE ENSEÑANZA**
4. ¿Cuánto tiempo tengo y cuánto dedico a cada módulo?	**TEMPORALIZACIÓN**
5. ¿Qué medios y recursos didácticos se necesitan para poder llevar a cabo esas actividades?	**MEDIOS Y RECURSOS DIDÁCTICOS**
6. ¿Cómo sabemos que se ha producido el aprendizaje?	**EVALUACIÓN**

3. Factores determinantes de la efectividad de la comunicación en el proceso de enseñanza-aprendizaje

En toda comunicación que se produzca en el proceso de enseñanza-aprendizaje, existen factores determinantes que obstaculizan o refuerzan este proceso.

3.1. Obstáculos de la comunicación

Relacionados con el emisor

- No expresar de forma clara qué mensaje se quiere transmitir.
- Comentar algo a lo largo de la explicación que no sea lo correcto y pueda resultar desagradable.
- Cambiar el tema de conversación.
- Desviarse del tema que se está tratando.
- No mirar al receptor cuando se quiere expresar algo.
- No estar atento a las señales que emite el receptor.
- Expresar alguna idea a través de los gestos que no se corresponda con la idea a comunicar.

Relacionados con el receptor

- No comprender las ideas que quiere expresar el emisor.
- No pedir explicación al emisor de aquella información que no le haya quedado clara.
- Interrumpir al emisor cuando está hablando.
- Captar algo diferente a lo que el emisor desea transmitir.

Relacionados con el mensaje

- Mensaje confuso.
- Mensaje muy corto.
- Mensaje muy extenso.
- Abuso de muletillas.
- Utilización de frases sin terminar.
- Dar "rodeos" para decir la idea principal.

Relacionados con el contexto

- No ser el momento adecuado para transmitir algo.
- No saber escoger el lugar oportuno.
- La presencia de ruidos y de interferencias.
- No pensar en las personas que están cerca.

Relacionados con el código

- No utilizar el mismo código que la persona con la que se habla o a la que se escucha.
- No adaptar el vocabulario a la situación o a la persona con la que se conversa.
- Utilizar el doble sentido.

3.2. Sugerencias para el mejor funcionamiento de la comunicación

Emisor

- Acostumbrarse a planificar la comunicación.
- Concretar visiblemente los objetivos.
- Buscar la retroalimentación en la comunicación.
- No tratar de impresionar al receptor.

Mensaje

- Que sea claramente entendido por el receptor.
- Que la terminología usada sea de referencia común.
- Que reclame la atención y el interés del alumnado.
- Que sea sencillo de interpretar.
- Que su contenido sea adecuado y convincente.
- Que produzca el máximo efecto posible.

Canal

- Que sea el más apropiado al grupo al que se dirige, al contenido del mensaje y al objetivo que persigue el formador.
- Que sea el que cause mayor impacto en el receptor.
- Que sea el más eficaz.
- Que sea el que mejor domine el formador.

4. La comunicación verbal y no verbal en el proceso instructivo

Los medios de comunicación pueden agruparse en dos grandes bloques: los **medios verbales,** que son aquellos que usan la lengua como código compartido; y los **medios no verbales,** que son los que se fundamentan en otros códigos simbólicos. A su vez, dentro de los medios verbales, están el medio escrito y el medio oral.

Cada uno de estos medios tiene sus ventajas y sus inconvenientes, por lo que la selección del medio deberá tener en cuenta las circunstancias y características que en cada caso presenta el comunicador, la audiencia y el mensaje que se ha de transmitir.

4.1. Los medios verbales

La comunicación verbal

La comunicación verbal se utiliza para comunicar ideas o dar información, opiniones, expresar o describir sentimientos, etc. Sirve de vehículo a los contenidos explícitos del mensaje. Para garantizar la efectividad de la comunicación, es necesario que el mensaje se presente de forma descriptiva y operativa, pero siempre teniendo muy en cuenta el código común del grupo al que va dirigida esta comunicación.

Un uso correcto del lenguaje oral ayuda a acercarse más a los alumnos. Los principales aspectos a considerar son los que aparecen a continuación.

Construcciones gramaticales

El objetivo será transmitir el mensaje de la manera más clara posible. Se deben evitar los giros rebuscados, la sintaxis complicada y las metáforas. En las explicaciones y conversaciones debe primar el contenido sobre la forma.

Vocabulario

Es importante saber qué palabras van a expresar mejor los conceptos que se desean transmitir y las que pueden ser comprendidas mejor por los alumnos. El análisis previo de los alumnos ayuda a saber qué términos técnicos se pueden utilizar sin problemas, cuáles se tienen que explicar y cuáles se deben evitar.

En general, siempre hay que mantenerse dentro de un lenguaje formal, evitando los vocablos demasiado coloquiales, las palabras extranjeras, las referencias académicas y expresiones de carácter religioso, político, deportivo o cultural, que pueden resultar agresivas para los alumnos.

Ejemplos

Los conceptos abstractos que pueden aparecer y que dificultan la adquisición de los contenidos, tienen que ser expresados mediante las explicaciones del formador, siempre apoyándose en la visualización.

La comunicación escrita

La comunicación escrita posee un carácter más veraz que la oral. La interacción que tiene lugar entre el emisor y el receptor no es inmediata, en algunas ocasiones no llega a producirse jamás. Este tipo de comunicación ofrece más oportunidades expresivas y mayor complejidad gramatical, sintáctica y léxica. También hay que tener en cuenta que a veces dificulta la expresión y/o puede no proporcionar *feedback* de manera inmediata.

4.2. Los medios no verbales

Al igual que las palabras, los elementos de la comunicación no verbal son signos que representan una idea (se excluyen todos los signos lingüísticos).

A diferencia de la comunicación verbal, su función no se centra sólo en la transmisión de contenido, sino que traspasa esa frontera para expresar también las emociones del emisor, controlar la interacción y proporcionar *feedback* del efecto que el mensaje produce en el receptor. Todas estas funciones son muy útiles para el formador, tanto en su tarea de transmisor de conocimientos como en la tarea de motivar y dirigir al grupo.

A continuación, se detallan las diferentes categorías en las que se agrupan los elementos de la comunicación no verbal.

Kinesia

Posturas

Una de las primeras cosas que el formador debe transmitir a sus alumnos es confianza y seguridad, lo que puede conseguirse a través de una postura erguida (sin llegar a ser arrogante), de pie, apoyándose sobre los dos pies y manteniendo la cabeza alta.

Esta postura es útil, especialmente durante la presentación del curso, porque ayuda a relajar el cuerpo, a facilitar la respiración y a controlar las muestras de nerviosismo, al tener un buen apoyo en el suelo.

A medida que avanza el curso, se pueden adoptar otras posturas que faciliten el descanso (apoyarse), el acercamiento (echar el cuerpo hacia delante) o que resten protagonismo (sentarse).

Gestos

Los gestos son un buen aliado del formador, excepto cuando éste se siente incómodo o nervioso. Gestos de carácter adaptador, como rascarse o colocarse la ropa, pueden delatar su estado emocional.

La mayoría de los gestos cumplen la función de reforzar el mensaje verbal (ilustradores), aunque existen otros cuya función es regular las intervenciones cuando se dirige una discusión de grupo.

Expresiones faciales

Las expresiones de la cara transmiten las emociones y permiten obtener fácilmente una respuesta del alumno.

Una expresión facial agradable, como una sonrisa no forzada, facilita la creación de un ambiente relajado en el aula. Una sonrisa puede ser muy útil también para romper la tensión que inevitablemente surge en algunas sesiones.

Mirada

La mirada, junto con la postura, es uno de los mejores métodos para transmitir confianza (en momentos de nerviosismo se tiende a apartar la vista) y para captar la atención de los alumnos.

Mientras el formador habla debe mantener la mirada sobre los alumnos la mayor parte del tiempo, mirándolos el tiempo suficiente como para que se sientan atendidos pero no incómodos. También se puede utilizar la mirada durante las discusiones de grupo, con una función reguladora de las distintas intervenciones.

Desplazamientos

Realizar desplazamientos en el aula capta la atención del alumnado, además de facilitar el contacto visual. Hay que procurar que no sean repetitivos o bruscos (pasear cerca de los alumnos), y cambiar de un recurso a otro (ir de la pizarra al retroproyector), etc.

 **Recuerde**

Los recursos no verbales que estudia la Kinesia son:

▌ Posturas.
▌ Gestos.
▌ Expresiones faciales.
▌ Mirada.
▌ Desplazamientos.

Estos recursos pueden utilizarse tanto para reforzar lo que se expresa mediante la comunicación verbal como para sustituirlo.

Proxémica

El aspecto de la proxémica que más interesa es la proximidad física entre los individuos, ya que los alumnos pueden sentirse violentos si el formador se aproxima excesivamente a ellos o, por el contrario, verle distante si no se acerca.

Se debe prestar atención a este aspecto, tanto durante las intervenciones como al distribuir el espacio del aula que se va a emplear, evitando siempre que los asientos estén demasiado juntos o demasiado separados.

Paralingüística

Para captar la atención del público, los oradores suelen hacer uso de determinados aspectos como el tono de voz o las pausas, que en algunos casos pueden parecer exagerados.

El formador, aunque emplee el método de la lección magistral, no es un orador y, por tanto, no debe prestar especial atención a estos aspectos, excepto cuando le plantean algún problema, debido a la ansiedad, al cansancio o a un mal estado de salud. Practicar en voz alta y realizar grabaciones durante la fase de preparación puede ayudar a vencer estas dificultades.

Volumen

Aunque el aula sea pequeña, se tiene que realizar el esfuerzo de hablar lo suficientemente alto para que todos los alumnos oigan las explicaciones y, a la vez, transmitir confianza. En general, el volumen se ajustará instintivamente cuando se compruebe dónde se sitúa la persona que se encuentra más alejada.

Entonación

El problema más frecuente, especialmente si se está cansado, es la monotonía, que no contribuye a captar la atención ni a motivar a los alumnos.

El interés que el formador muestre por el tema y una correcta preparación le hará destacar los puntos clave y jugar con la entonación de una forma adecuada a lo largo de toda la exposición.

Pronunciación

Los problemas se presentan especialmente cuando se está nervioso o se habla demasiado rápido. Se debe hacer un esfuerzo por articular todas las palabras de manera limpia y clara, abriendo la boca lo suficiente para pronunciar correctamente las sílabas, consonantes y vocales.

Velocidad

Una velocidad correcta puede ayudar a resolver problemas de pronunciación y de entonación. Se debe hablar a una velocidad normal o algo superior, para facilitar el mantenimiento de la atención. No obstante, si se está nervioso, se puede hablar con mayor lentitud para facilitar la respiración y relajarse. También se debe reducir la velocidad cuando se expliquen conceptos técnicos complejos o cuando se espere alguna respuesta por parte de los alumnos.

Recuerde

Los elementos que trata la Paralingüística son:

I El volumen.
I La entonación.
I La pronunciación.
I La velocidad.

Proyección física

Existen determinados factores que, sin que la persona diga ni haga nada, transmiten información y hacen referencia a la imagen física que esta persona proyecta.

Es fundamental que el formador transmita una imagen positiva para los alumnos. Se debe cuidar el aspecto externo y los artefactos que se usen, como los adornos y prendas de vestir. La manera adecuada de vestir depende de la situación y siempre debe estar en consonancia con lo que cada colectivo de alumnos espera del formador.

Ejemplo

Sería negativo vestir pieles para impartir un curso cuyo objetivo fuese desarrollar actitudes positivas hacia la protección del medio ambiente.

En cualquier caso, se debe llevar ropa que resulte cómoda, bien cuidada y no demasiado llamativa. A los adornos y al peinado se aplican las mismas reglas que al vestido.

Importante

Un objetivo fundamental del formador es dirigir la atención de los alumnos hacia el contenido que está desarrollando, nunca hacia su persona.

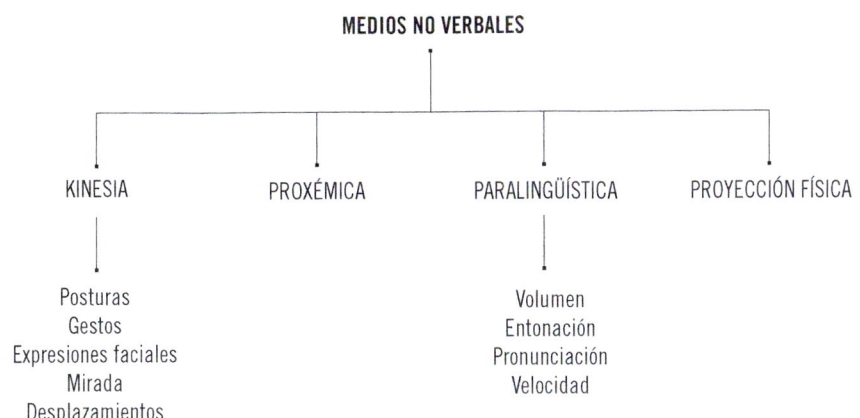

Finalmente, conviene recordar que si el formador observa atentamente la comunicación no verbal que expresan los alumnos, obtendrá una gran cantidad de información.

Hay numerosos signos no verbales que puede mostrar el alumno:

- **Atención:** posturas del cuerpo (inclinado hacia delante, hacia atrás...).
- **Necesidad de hablar:** movimientos sutiles de la boca, de la mano, etc.
- **Irritación:** movimiento de pies, manipulación de objetos sobre la mesa, etc.

- **Concentración:** tomar apuntes, mirar al docente, etc.
- **Cansancio:** cuerpo hundido, suspiros, etc.
- **Inercia:** silencios de todo el grupo, etc.
- **Desinterés:** cerrar el cuaderno, bostezar, mirar al vacío, etc.
- **Sorpresa:** levantar los brazos, abrir la boca, levantar las cejas, abrir los ojos, etc.

Si se observan estos elementos de forma atenta, se podrá obtener información sobre la comprensión del mensaje y el estado emocional de los alumnos, lo que será de gran utilidad para el formador durante el curso.

La comunicación no verbal aporta información al formador sobre los alumnos

5. Técnicas de secuenciación de contenidos

Una vez seleccionados los contenidos, hay que ordenarlos secuencialmente. La **secuenciación y estructuración de los contenidos** es el proceso que permite situarlos en una configuración que produce el máximo aprendizaje en el mínimo tiempo posible.

Algunas de las técnicas para la secuenciación de contenidos son las siguientes:

- Que los contenidos estén de acuerdo con los objetivos propuestos y con los plazos previstos para conseguirlos.

- Empezar por los contenidos más próximos y significativos para el alumno, para llegar poco a poco a lo desconocido. De esta manera, resultará más fácil introducir los nuevos contenidos.
- Ir de lo inmediato a lo remoto.
- Ir de lo concreto a lo abstracto.
- Ir de lo más fácil a lo más difícil. Esto motiva al alumnado porque le va mostrando los avances de manera rápida.

Las principales ventajas que este proceso conlleva son:

- Ayuda al participante a pasar de un conocimiento o habilidad a otro.
- Garantiza que los conocimientos y habilidades previas son alcanzados antes de introducir elementos nuevos.
- Reduce el tiempo de formación.
- Evita la confusión y los fallos en el participante.

Estos puntos son los principales aspectos a tener en cuenta cuando se realiza la presente fase de la programación de la formación, es decir, cuando se fijan los contenidos de la formación.

6. La selección y planificación de estrategias didácticas

Las personas que realizan un curso de formación son diversas, por ello es muy importante que las estrategias didácticas se adapten, de la mejor forma posible, al contexto y permitan una flexibilidad.

 Definición

Estrategias didácticas
Son procedimientos que el formador emplea para facilitar el aprendizaje, con la intención de que éste sea significativo.

Tras la selección y estructuración de contenidos, llega el momento de decidir la modalidad de formación a seguir y la metodología a utilizar en su impartición. Pero esta decisión no se puede tomar arbitrariamente, sino que ha de basarse en unos criterios. Los criterios de decisión básicos para determinar qué estrategia y qué método de formación es el adecuado, son:

- La compatibilidad con los objetivos.
- Los principios generales del aprendizaje del adulto: individualización, motivación, utilidad, practicidad, intereses, etc.
- Los principios de rigor, realismo y participación.
- El carácter eminentemente aplicativo de los aprendizajes.
- La posibilidad de transferir los aprendizajes al puesto de trabajo.
- Los recursos disponibles, incluido el tiempo.
- Los factores relacionados con los participantes, como el estilo de aprendizaje, la edad, el tamaño del grupo, la motivación, etc.

Una vez escogido el método, se observa que ninguno es químicamente puro, sino que unos participan de otros. Por lo demás, todo método puede ser adecuado o inadecuado dependiendo del modo en que sea empleado.

Los formadores deben utilizar los métodos flexiblemente, de la forma que mejor se adapten al estilo de formación, a la materia y a los alumnos, complementando cada método con la técnica y recurso didáctico más acorde.

7. La selección y planificación de medios y recursos didácticos

Para realizar cualquier acción formativa, hace falta algo más que elegir y aplicar unos métodos y unas técnicas. Son necesarios los medios y recursos didácticos, que van a ayudar a desarrollar la metodología seleccionada en el aula. Los medios y recursos didácticos permiten el trasvase de información formador-alumno.

Definición

Medios didácticos
Son materiales elaborados para facilitar los procesos de enseñanza-aprendizaje.

Recursos didácticos
Son soportes mediante los cuales se presentan los contenidos del curso a los alumnos.

A la hora de escoger el medio o recurso a utilizar, se deben tener en cuenta los siguientes criterios:

- **Características de la materia o tema.** Dependiendo de la naturaleza de los contenidos, éstos pueden ser transmitidos por unos u otros métodos.
- **Los objetivos del curso.** Toda selección de medios y estrategias de enseñanza deben realizarse en función de éstos.
- **La disposición del aula y el número de alumnos.** Hay que tener cuidado, sobre todo en la visibilidad de alguno de los recursos, porque pueden perder eficacia.
- **Tiempo disponible para la formación.** Este elemento tiene que estar siempre presente, porque, en función del tiempo que se tenga, se elegirá lo que se adapte mejor a las necesidades.
- **Recursos disponibles,** ya que en algunas ocasiones están a nuestro alcance.
- **El uso que se haga de ellos,** cuál es la finalidad, qué es lo que se pretende y en qué momento se van a utilizar.
- **El nivel de conocimiento de los alumnos** sobre el tema.

Todos estos puntos se han de tener en cuenta a la hora de escoger un medio o recurso didáctico. La finalidad de éstos no es otra que la de fundamentar, apoyar y reforzar el acto formativo.

8. La planificación de la evaluación del proceso de enseñanza-aprendizaje

La aplicación de programas de formación lleva a la obtención de unos determinados resultados. Éstos serán los frutos de la formación y mostrarán el grado de eficacia y eficiencia con que se lleva a cabo la función formativa.

Los resultados indican el éxito de la formación mediante su contraste con los objetivos fijados anteriormente. Este procedimiento recibe el nombre de **evaluación,** proceso ampliamente conocido y con trascendencia reconocida para la formación. Según el proceso de evaluación aplicado, los resultados obtenidos serán reales y fiables, o bien, falseados.

Para que los resultados de la evaluación muestren con certeza el grado de éxito alcanzado con la formación, es necesario un requisito previo: el establecimiento de criterios de evaluación durante el proceso de planificación de la formación. Los criterios actúan como puntos de referencia, a partir de los cuales se valoran los resultados obtenidos.

Los criterios de evaluación han de fijarse con mucha atención, ya que determinan el proceso de evaluación, y éste juzga el grado de éxito de la función formativa.

El primer aspecto a tener en cuenta es la validez: los criterios de evaluación han de ser válidos en relación a los elementos del proceso formativo.

Los aspectos que determinan el grado de validez de los criterios de evaluación son:

- La relevancia.
- La no deficiencia.
- La no contaminación.
- Su fiabilidad.

El establecimiento de criterios válidos y fiables permitirá elaborar un proceso de evaluación de la formación que mida rigurosamente la eficacia y la eficiencia de la función formativa.

9. El seguimiento formativo

El seguimiento es un proceso continuo que sirve para evaluar la eficacia del uso de los recursos y para saber qué iniciativas se pueden emprender para mejorar el aprovechamiento de los recursos formativos.

El seguimiento, además de realizarse después de haber finalizado la planificación formativa, también se realiza antes de la acción.

9.1. Características

El seguimiento formativo permite evaluar los distintos componentes (desde los alumnos hasta todos los elementos que forman la programación) que intervienen en él durante todo el proceso de formación.

El seguimiento formativo se diferencia de la evaluación en que éste tiene que ver más con tareas organizativas, de coordinación, administrativas, etc.; sin embargo, la evaluación valora aspectos de los procesos de formación, como pueden ser la comunicación, el aprendizaje de los nuevos conocimientos, etc.

Con la realización adecuada de un seguimiento formativo:

- Se pueden **descubrir errores o desajustes** en el proceso de enseñanza-aprendizaje antes de que se realice la evaluación final para comprobarlos.
- Se pueden **corregir los errores** en el momento en el que se están produciendo.
- Además, **se detectan los aspectos positivos** que tienen lugar a lo largo de todo el proceso y las **posibles mejoras** que se pueden realizar.

El seguimiento formativo tiene que ser realizado por todas las personas que están implicadas en la realización de los cursos de formación (tutores, coordinadores, técnicos, etc.), por ello, el formador es una figura importante en el proceso de formación, ya que se encuentra implicado en él.

El proceso de formación debe estar planificado, pensado y planteado antes de que empiece la acción de formación, nunca debe llevarse a cabo de manera cerrada, sino que tiene que estar abierto a cualquier cambio que se considere necesario.

9.2. Finalidad

Son varias las finalidades que persigue el seguimiento formativo:

- Ayudar a comprender por qué ocurren algunas cosas y qué se puede hacer para intervenir en ese proceso que se está llevando a cabo.
- Identificar y solucionar los problemas que surgen a lo largo del proceso.
- Contribuir para elaborar planes de formación de manera objetiva, sin desviarse de la finalidad éste.
- Colaborar en la disminución y control del uso de los recursos materiales.
- Determinar el nivel que puede alcanzar el rendimiento y relacionarlo con el rendimiento actual.
- Diagnosticar y detectar problemas para llevar a cabo las acciones correctivas pertinentes.

9.3. Planificación

El seguimiento formativo debe planificarse antes y durante la acción formativa.

El objetivo de este seguimiento es comprobar la eficacia de la acción formativa antes de que ésta llegue a su fin, es decir, es necesario que durante este proceso todos los elementos que van a formar parte del aprendizaje estén planificados.

Los dos momentos que hay que tener en cuenta para planificar el seguimiento formativo son:

- **Antes de la acción formativa:** es necesario conocer las necesidades, el perfil del alumno, qué materiales, instrumentos, recursos, medios didácticos se van a usar.

■ **Durante la acción formativa:** aquí el seguimiento se utiliza para comprobar los posibles errores y mejoras que se pueden llevar a cabo. Ofrece la posibilidad de poder modificar aquellas acciones o medios que dificultan el avance del aprendizaje.

10. Instrumentos para el seguimiento

A lo largo de un ciclo formativo pueden suceder errores y surgir problemas, esto abarca desde la identificación de necesidades hasta la planificación, el diseño, la implantación y la evaluación. Por todo esto, es importante saber cuál es la causa del problema y saber tomar las medidas oportunas para que no se origine nuevamente.

Para detectar el origen del problema, siempre se necesita una información determinada, ésta sólo se puede obtener mediante técnicas que ayuden a obtenerlas, es decir, que permitan recabar y analizar los datos obtenidos.

Para el seguimiento del proceso de enseñanza-aprendizaje, se pueden confeccionar diferentes tipos de instrumentos de evaluación, como pueden ser los cuestionarios y utilizar la observación directa, etc., si el tipo de formación lo permite (presencial o semipresencial). Estos instrumentos variarán según el tipo de datos que se quiera conseguir.

Un ejemplo de plantilla para recoger y analizar la información podría ser esta:

CURSO:		1º Módulo	2º Módulo	3ºMódulo
Objetivos del módulo	Suficiente			
	Insuficiente			
	Adecuado			
	Inadecuado			

Continúa en página siguiente >>

<< Viene de página anterior

CURSO:		1º Módulo	2º Módulo	3ºMódulo
Contenidos del módulo	Suficiente			
	Insuficiente			
	Adecuado			
	Inadecuado			
Metodología	Suficiente			
	Insuficiente			
	Adecuado			
	Inadecuado			
Actividades y recursos	Suficiente			
	Insuficiente			
	Adecuado			
	Inadecuado			
Recursos materiales	Suficiente			
	Insuficiente			
	Adecuado			
	Inadecuado			
Recursos humanos	Suficiente			
	Insuficiente			
	Adecuado			
	Inadecuado			
Proceso de evaluación	Suficiente			
	Insuficiente			
	Adecuado			
	Inadecuado			
Nivel de satisfacción del alumnado	Suficiente			
	Insuficiente			
	Adecuado			
	Inadecuado			

Para el seguimiento del aprendizaje, como la información que se obtiene es de diferente índole, se recogerá mediante la aplicación de las técnicas seleccionadas y elaboradas para la evaluación de cada uno de los aspectos planteados (observación directa de los trabajos, participación, cuestionarios acerca de la motivación y satisfacción del alumnado, etc.).

Por ejemplo, los contenidos que se podrían incluir en la "parrilla" de análisis son los siguientes:

CURSO		1er Módulo	2º Módulo	3er Módulo
Conceptos (comprende los contenidos conceptuales)	Con facilidad			
	Con normalidad			
	Con dificultad			
Procedimientos (aplica y desarrolla los contenidos procedimentales)	Con facilidad			
	Con normalidad			
	Con dificultad			
Actitudes (manifiesta las actitudes adecuadas a los contenidos)	Con facilidad			
	Con normalidad			
	Con dificultad			
Motivación y participación	Con facilidad			
	Con normalidad			
	Con dificultad			
Satisfacción del alumno	Con facilidad			
	Con normalidad			
	Con dificultad			

Dos de las herramientas básicas son:

- **Los diagramas de flujo:** éstos sirven para desglosar en forma de componentes, para presentar una clara imagen de lo que ocurre.
- **Los checklists:** éstos son especialmente útiles para garantizar que se han realizado todas las acciones necesarias. Es otro método de ayuda orientado a los formadores y participantes para preparar, utilizar y solucionar los problemas del equipamiento.

Otros métodos de seguimiento y control que pueden ayudar en la formación son:

- Las reuniones formales e informales.
- Pasar un informe de las sesiones, cuestionarios de satisfacción o formularios de evaluación del curso.
- Entrevistas de evaluación.

Recuerde

Algunos de los instrumentos de seguimiento más utilizados son:

I Cuestionario de satisfacción
I Cuestionario de motivación
I Observación directa
I Reuniones formales e informales
I Entrevistas de evaluación

11. Metodología de la evaluación del diseño de formación

Los métodos empleados en la evaluación siempre suelen son los mismos, independientemente de que se evalúen los objetivos, los contenidos, los recursos, etc. A pesar de esto, hay que tener en cuenta que no se deben utilizar todos los métodos que se van a nombrar, sino que todo dependerá de lo que se esté evaluando.

Los métodos más frecuentes son:

- Observación sistemática.
- Observación mediante observadores externos o internos del grupo.
- Análisis de trabajo.
- Entrevistas personales.
- Situaciones de simulaciones.

- Diálogos, debates.
- Cuestionarios específicos.
- Inventarios.
- Grabaciones en vídeo.
- Etc.

11.1. Evaluación de los objetivos

Cuando se diseña el programa formativo, se deben concretar los objetivos que serán objeto de evaluación al finalizar el curso, para comprobar si éstos se han alcanzado o no.

Los objetivos marcan aquellos aspectos claves que debe adquirir el alumno para alcanzar unas competencias determinadas. Éstos determinarán lo que el alumno será capaz de saber y saber hacer al acabar el curso, en unas condiciones dadas y con unos medios determinados.

Si, al finalizar el curso, se observa que los objetivos no se han cumplido en su totalidad, hay que analizar cuál ha sido la causa de este error y corregirlos. Si se han cumplido los objetivos, habrá que determinar los motivos de éxito, para volver a ponerlos en práctica en futuros cursos.

Los objetivos marcados al inicio de la formación sirven para:

- Dirigir la formación, es decir, saber hacia dónde se quiere llegar con ésta.
- Comprobar qué se ha logrado.
- Facilitar la evaluación, ya que se sabe cuáles son los objetivos que hay que evaluar.
- Reorientar la formación en el mismo momento que se está realizando.
- Elegir los métodos más adecuados para la formación.

La evaluación de los objetivos debe medirse atendiendo a:

- **Objetivos generales:** son utilizados para saber cuáles son las competencias generales.
- **Objetivos específicos:** parten de los objetivos generales.

■ **Objetivos operativos:** son derivados de los específicos. Son objetivos más concretos y siempre deben estar relacionados con actividades u operaciones determinadas. Son los más fáciles de medir.

Ejemplo

Objetivos específicos para evaluar un curso de primeros auxilios:

| Aprender los conceptos básicos y generales de los primeros auxilios.
| Adquirir las habilidades y aplicar los principios de actuación para poder reaccionar adecuadamente en situaciones de urgencia.
| Conocer los aspectos jurídicos relacionados.

11.2. Evaluación de los contenidos

La evaluación de los contenidos se realizará para comprobar si los objetivos que se habían marcado al principio de la formación se han logrado, así como para eliminar aquellos contenidos que no aportan nada al curso.

Se debe tener siempre en cuenta que se puede lograr un mismo objetivo de formación utilizando diversos contenidos.

Para evaluar los contenidos, hay que comprobar si se ha seguido una secuencia lógica a la hora de impartirlos. Esta secuencia permite que los contenidos sean adquiridos por los alumnos de una manera más significativa, es decir, facilita el aprendizaje de los mismos.

Para que la evaluación de los contenidos resulte positiva, éstos deben ir expuestos:

■ De acuerdo con los objetivos propuestos y con los plazos previstos para conseguirlos.
■ De lo conocido a lo desconocido.

- De lo inmediato a lo remoto.
- De lo concreto a lo abstracto.
- De lo fácil a lo difícil.

Otro aspecto a tener en cuenta para que la evaluación de los contenidos sea positiva, es que éstos se deben estructurar adecuadamente, por ejemplo, mediante módulos, unidades didácticas, etc. Éstas tienen que abarcar los conocimientos, las habilidades y las actitudes que capacitan al alumno para poner en práctica las funciones que desempeñará en su puesto de trabajo. Por lo general, se pueden constituir equivalencias entre objetivos generales y cursos, objetivos específicos y módulos, unidades didácticas, etc. así como entre objetivos operativos y sesión formativa,.

 **Ejemplo**

Siguiendo el ejemplo anterior de primeros auxilios, los contenidos que se evaluarán para comprobar si se han logrado o no los objetivos anteriormente propuestos, son:

❙ Primeros auxilios: conceptos generales.
❙ Soporte vital básico (reanimación cardio-pulmonar)-adultos.
❙ Soporte vital básico-niños.
❙ Soporte vital instrumental.
❙ Traumatismos osteoarticulares. Inmovilizaciones (vendajes y férulas improvisadas).
❙ Movilización de urgencia y posiciones de espera.
❙ Traumatismos craneales y vertebro-medulares.
❙ Otras situaciones de emergencia.

11.3. Evaluación de la metodología

La evaluación de la metodología consiste en comprobar que los métodos que se han utilizado son los adecuados para lograr los objetivos formativos, aunque éstos deben ser flexibles a la hora de utilizarlos, ya que deben adaptarse a la materia tratada, a los alumnos, a los recursos disponibles, etc.

Para conseguir que la evaluación de la metodología sea positiva, se deben tener en cuenta las características que se emplean para definir un método. Éstas pueden ser:

- Presentar y mostrar la problemática del tema para que, a través de la reflexión y el esfuerzo, el alumno pueda resolverla.
- Respetar tanto la libertad de expresión como de creación.
- Las actividades que están destinadas al alumno tienen que ser dirigidas por el formador para que el alumno reflexione y participe.
- Motivar al alumno, relacionando los temas con sus intereses, motivaciones y necesidades.
- Organizar los nuevos aprendizajes para que se integren con los ya adquiridos.
- Tener en cuenta las limitaciones y las posibilidades que tiene cada alumno.
- Dar lugar a la acción individualizada a través de tareas que requieran planteamientos y acciones individualizadas.

11.4. Evaluación de actividades y recursos

Las **actividades** son unos elementos que acompañan a los contenidos formativos, ya que éstas refuerzan los contenidos que son expuestos por el formador. Siempre debe existir coordinación entre ambos, para esto se deben seleccionar adecuadamente tanto los métodos como las técnicas.

Para evaluar las diversas actividades que se han desarrollado, hay que formular una serie de preguntas para saber si las actividades han sido eficaces o han fallado en su ejecución. Algunas de estas preguntas pueden ser:

- ¿Qué ha hecho el alumno?
- ¿Ha sabido aplicar los conocimientos necesarios para lograr resolver las actividades?
- ¿Valora y comprende la finalidad de la actividad?
- ¿Ha mostrado interés en la realización de la misma?
- ¿Qué ha aprendido?
- ¿Han sido válidas las actividades?

- ¿Cuáles han fallado? ¿Por qué?
- ¿Se han alcanzado los objetivos?
- Etc.

Junto con las actividades, los recursos también tienen que ser evaluados, ya que de ellos va a depender en cierta manera la eficacia de las actividades. Por eso, en la evaluación de los recursos hay que tener en cuenta la eficacia de aquellos que se han utilizado y cuáles son los que se hubieran necesitado para desarrollar el curso.

Se pueden distinguir varios criterios para evaluar la eficacia de los recursos:

- Su calidad, porque actúa como mediador entre la realidad y la estructura cognitiva del alumno.
- El contexto metodológico, ya que todo va a depender de la metodología usada por el formador.
- Los propios alumnos, sus motivaciones, intereses, etc.
- La experiencia del formador en el manejo de los diversos recursos, sus habilidades, etc.

También es necesario tener en cuenta qué evaluar de los recursos:

- La rentabilidad de éstos.
- El aprovechamiento para distintas finalidades.
- El mantenimiento.
- La actualización, deben adaptarse a las nuevas tecnologías.
- La adecuación al proceso de enseñanza-aprendizaje.
- Posibilitar la acción, estimular y responder a las curiosidades presentes en el alumnado.

11.5. Evaluación del formador

La figura del formador es muy importante a lo largo de todo el proceso formativo, ya que, en cierta manera, el éxito o el fracaso de la formación recae sobre él, por lo tanto, es imprescindible conocer previamente a la persona que va a impartir un curso.

El formador es el mediador entre los contenidos y los alumnos, por lo que debe evaluarse de forma continua y a lo largo de todo el proceso de enseñanza-aprendizaje, así como al final del proceso, momento en que se comprobará si los métodos y estrategias que ha diseñado y utilizado han sido los adecuados, introduciendo posibles modificaciones para las prácticas futuras.

La evaluación del formador se puede realizar desde varias vertientes, en cada una de ellas se evalúan aspectos diferentes, pero todas persiguen el mismo fin, que es fomentar la calidad de la formación.

Evaluación realizada por los alumnos

Los alumnos pueden evaluar aspectos como la relación del formador con los alumnos, la organización de las sesiones, el control de clase, la efectividad de la enseñanza, etc.

En la siguiente tabla se muestra un cuestionario a modo de ejemplo:

Marque la opción que más se adecúe a las características que prevalecieron a lo largo del curso

1. Las oportunidades que tuve para realizar preguntas en clase fueron:
   a. Frecuentes
   b. Regulares
   c. Escasas
   d. Muy escasas

2. El interés que mostró el formador respecto a los alumnos fue:
   a. Satisfactorio
   b. Regular
   c. Poco
   d. Muy pobre

3. El clima existente en el aula fue:
   a. Bueno
   b. Regular
   c. Tenso
   d. Malo

Continúa en página siguiente >>

<< Viene de página anterior

**Marque la opción que más se adecúe a las características
que prevalecieron a lo largo del curso**

4. En la prueba final se evaluaban los contenidos dados a lo largo del curso:
   a. Sí
   b. No

5. El material presentado en el curso fue:
   a. Original
   b. Poco original
   c. Nada original

6. Las actividades que realicé para asimilar los contenidos fueron:
   a. Útiles
   b. Regulares
   c. Pobres
   d. Inútiles

7. El contenido marcado para el curso se expuso en su totalidad:
   a. Sí
   b. No

8. El grupo de alumnos afectó a mi aprendizaje:
   a. De manera positiva
   b. De manera negativa
   c. No me afectó

9. El material audiovisual me pareció:
   a. Atractivo
   b. Regular
   c. Inadecuado

10. Los procesos, problemas y soluciones experimentados en el trabajo en
    grupo fueron:
    a. Bien planteados
    b. Regular planteados
    c. Mal planteados

11. Las exposiciones por parte del docente me parecieron:
    a. Buenas
    b. Regulares
    c. Malas

Continúa en página siguiente >>

<< Viene de página anterior

Marque la opción que más se adecúe a las características que prevalecieron a lo largo del curso

---

12. La actuación del profesor durante el curso evidenció:
    a. Un elevado conocimiento de la materia
    b. Un mediano conocimiento
    c. Un escaso conocimiento

---

13. El profesor supo controlar las conductas perturbadoras sucedidas a lo largo del curso de forma:
    a. Eficaz
    b. Regular
    c. Ineficaz

---

14. El ritmo que siguió el profesor al exponer los contenidos me pareció:
    a. Muy bueno
    b. Satisfactorio
    c. Monótono

---

15. La secuencia de presentación de los contenidos del curso fue:
    a. Lógica
    b. Regular
    c. Arbitraria

---

16. La actuación del profesor despertó interés y motivación:
    a. Muchas veces
    b. Algunas veces
    c. Pocas veces
    d. Ninguna vez

Evaluación realizada por el propio formador

En esta evaluación, el formador va a evaluar la preparación del curso, el desarrollo del mismo, y también realizará una evaluación propia de su actuación como formador.

En la siguiente tabla se muestra un cuestionario a modo de ejemplo:

Marque la opción que más se adecúe a las características que prevalecieron a lo largo del curso

A. PREPARACIÓN DEL CURSO

1. ¿Cómo ha sido el tiempo con el que ha contado?
   a. Suficiente
   b. Insuficiente

¿Por qué? _____

2. ¿Cómo considera la distribución de las sesiones del curso?
   a. Adecuadas
   b. Inadecuadas

¿Por qué? _____

3. ¿Ha dispuesto de las guías didácticas del curso?
   a. Sí
   b. No

¿Por qué? _____

4. ¿Ha dispuesto de los recursos necesarios para la preparación de sus sesiones?
   a. Sí
   b. No

¿Cuáles le han hecho falta? _____

5. Teniendo en cuenta su nivel de formación, ¿ha necesitado apoyo por parte de la dirección del curso?
   a. Sí
   b. No

¿Cómo ha sido el apoyo? _____

B. DESARROLLO DEL CURSO

6. ¿El desarrollo de las sesiones (distribución y tiempo) se ha correspondido con la planificación prevista?
   a. Sí
   b. No

7. ¿La metodología utilizada para el desarrollo de las sesiones ha propiciado la participación e implicación del alumnado?
   a. Sí
   b. No

¿Por qué? _____

Continúa en página siguiente >>

<< Viene de página anterior

Marque la opción que más se adecúe a las características que prevalecieron a lo largo de curso

8. ¿Considera que el clima del curso ha sido el adecuado?
   a. Sí
   b. No

¿Por qué? _____

9. ¿El contexto donde se ha desarrollado el curso ha sido adecuado y oportuno?
   a. Sí
   b. No

¿Por qué? _____

10. ¿Ha conseguido los objetivos propuestos?
    a. Sí
    b. No

¿Por qué? _____

C. AUTOEVALUACIÓN

11. Evalúe de 1 a 4 los siguientes apartados relacionados con su intervención como formador, donde:

1. Considero imprescindible mejorar mi formación en este aspecto.
2. Considero necesario mejorar mi formación en este aspecto.
3. Cuento con recursos necesarios para el desarrollo ajustado del curso, pero podría encontrar dificultades si éste cambia el rumbo prefijado.
4. Mi formación al respecto es adecuada y dispongo de recursos suficientes para el desarrollo óptimo del curso.

	1	2	3	4
Dominio de los contenidos				
Metodología/didáctica empleada				
Comunicación con el alumnado				
Trabajo en equipo				

D. AMPLIACIÓN

Puede anotar a continuación cualquier aportación que desee realizar y no haya sido considerada en este cuestionario.

_____
_____

11.6. Tipos de evaluación

Existen diferentes tipos de evaluación, cada una se aplicará atendiendo a diferentes criterios.

Según su finalidad o función de la evaluación

Diagnóstica

Esta evaluación, como su nombre indica, tiene un carácter diagnóstico, ya que permite que se conozcan las potencialidades del alumno. De esta manera, la actividad didáctica se dirige de forma más efectiva.

Formativa

Se utiliza como estrategia para mejorar y ajustar los procesos formativos en el momento que se están llevando a cabo, para alcanzar las metas y los objetivos marcados. La evaluación formativa es aplicable a la evaluación de procesos.

Sumativa

Se aplica a la evaluación de productos terminados, es decir, se sitúa concretamente cuando finaliza un proceso, cuando éste se considera acabado. Su propósito es determinar el grado en que se han conseguido los objetivos establecidos, para evaluar de forma positiva o negativa el resultado. Esta evaluación permite tomar medidas tanto a medio como a largo plazo.

Según el momento de aplicación de la evaluación

Inicial

Se produce al principio del proceso de enseñanza-aprendizaje. La función que tiene la evaluación inicial es identificar el nivel de conocimientos que tienen los alumnos que inician un curso y, de esta manera, comprobar si los alumnos cuentan con los conocimientos necesarios para comenzarlo, y determinar si es posible impartirlo de acuerdo al programa formativo o si se requiere alguna modificación.

Procesual

La evaluación procesual se basa en valorar, de forma continua, el aprendizaje de los alumnos y la enseñanza del profesor, a través de la recogida sistemática de datos, toma de decisiones, etc.

La evaluación procesual es totalmente formativa, ya que, al favorecer la recogida continua de datos, permite tomar decisiones en el mismo momento que se considere necesario.

Los resultados que se obtienen forman la base permanente para el formador a la hora de programar las actividades diarias, así como para establecer las actividades y los procedimientos más apropiados. De esta manera, se evitan las dificultades que se puedan producir en los aprendizajes que se están llevando a cabo. La finalidad de todo esto es evitar errores y vacíos en los aprendizajes posteriores.

Final

La evaluación final es aquella que se realiza al finalizar la formación, por lo tanto ésta recoge y valora los resultados obtenidos a lo largo de un periodo formativo.

Según su extensión

Global

Tiene en cuenta todos los elementos y procesos que guardan relación con todo lo que es objeto de evaluación. Por ejemplo, si se trata de evaluar el proceso de aprendizaje de los alumnos, esta evaluación se centra en todas las áreas en general, pero sobre todo en los diversos tipos de contenidos de enseñanza (conceptos, procedimientos, valores, normas, etc.).

Parcial

Esta evaluación no se realiza de manera global, sino que se lleva a cabo por partes, es decir, evalúa los componentes que más interesan.

Según los agentes que realizan la evaluación

Autoevaluación o evaluación interna

Es el proceso sistemático mediante el cual una persona o grupo examina y valora sus procedimientos, comportamientos y resultados, para identificar qué quiere corregir o modificar en él. La evaluación interna muestra que los alumnos están más motivados a la hora de realizar una tarea difícil. La puesta en práctica de la autoevaluación no conlleva que el profesorado abandone sus funciones, sino que implica una concepción diferente de la enseñanza.

La autoevaluación ofrece al estudiante ayuda para descubrir sus necesidades, cantidad y calidad de su aprendizaje, causas de sus problemas, dificultades y éxitos en el estudio. De esta manera, el alumno puede conocerse de manera más concreta.

Heteroevaluación o evaluación externa

La evaluación externa es realizada o llevada a cabo por otra persona que no es el protagonista del aprendizaje. En esta evaluación, lo más frecuente es que el profesor evalúe al alumno.

TIPOS DE EVALUACIÓN	
Según su finalidad o función	- Diagnóstica - Formativa - Sumativa

Continúa en página siguiente >>

<< Viene de página anterior

TIPOS DE EVALUACIÓN	
Según su momento de aplicación	- Inicial - Procesual - Final
Según su extensión	- Global - Parcial
Según los agentes que la realizan	- Autoevaluación o evaluación interna - Heteroevaluación o evaluación externa

Solucionarios de ejercicios de repaso y autoevaluación

Contenido

Organización del servicio de información turística local

Solucionario Capítulo 1

1. **Responda a las siguientes cuestiones.**

   a. ¿Qué organismo se encarga de la promoción turística de España en el extranjero?

   Turespaña.

   b. ¿Por qué tiene importancia la elaboración de estadísticas? Cite tres razones.

   I Realizar los folletos en los idiomas que se necesiten.
   I Realizar documentos informativos sobre tipos de demandas no existentes.
   I Conocer el número y el origen de los visitantes que acuden a las oficinas.

   c. ¿En qué consisten los banco de datos en una oficina de turismo?

   Consiste en almacenar en una base de datos, de uso interno y actualizado, la información correspondiente a las principales demandas que tienen lugar en la oficina. Para ello, se crean listados con el objetivo de facilitar la información de forma más rápida y ágil.

   d. ¿Qué requisitos se deben tener en cuenta en la elaboración de las publicaciones turísticas utilizadas en los centros de información, como medios de distribución externa de la información?

   Para ello se debe prestar atención a las siguientes recomendaciones, con el objetivo de que el aspecto gráfico y contenido, sea útil al usuario:

   I La portada debe transmitir el mensaje más importante.
   I Se debe destacar lo que es único y diferente en nuestra oferta con respecto a otros destinos.
   I La información ha de estar bien organizada y su lectura debe ser sencilla.
   I Se deben utilizar mapas y fotografías.
   I Y trabajar con profesionales.
   I Etc.

e. ¿A qué organismos, empresas, instituciones o entidades turísticas corresponden las siguientes iniciales y nombres?

OPC: Operadores Profesionales de Congresos.
APIT: Asociación Profesional de Informadores Turísticos.
CEFAPIT: Confederación Española de Federaciones y Asociaciones Profesionales de Guías de Turismo.
IET: Instituto de Estudios Turísticos.

2. **Seleccione si las siguientes afirmaciones son verdaderas o falsas.**

a. Existen diferentes tipos de visitas guiadas: bus turístico, coche de caballos, etc.

☑ **Verdadero**
☐ Falso

b. El Segway es un transporte personal con autobalance que permite moverse de forma rápida por la ciudad.

☑ **Verdadero**
☐ Falso

c. Un call centre es un servicio de información gratuito.

☐ Verdadero
☑ **Falso**

3. **Seleccione si las siguientes afirmaciones son verdaderas o falsas, en cuanto a los objetivos que debe perseguir la promoción de servicios propios de un centro de información turística:**

a. Atracción de clientes reales, es decir, que ya están en el destino.

☐ Verdadero
☑ **Falso**

b. Mantener la fidelidad de los clientes potenciales.

☐ Verdadero
☑ **Falso**

c. Modificación de los hábitos de la demanda.

☑ **Verdadero**
☐ Falso

d. Facilitar la comunicación al máximo.

☑ **Verdadero**
☐ Falso

4. **Relacione los distintos servicios de información turística clasificados en función de diferentes criterios con los tipos de oficinas de turismo:**

a. Localización del servicio.
b. Temporada de funcionamiento.
c. Canal de comunicación
d. Titularidad.
e. Normativa.
f. Espacio físico.

e. Oficina y punto de información.
c. Presencial, no presencial y mixta.
f. Origen y destino.
a. Fijos, ambulantes y stand.
d. Estacionales y permanentes.
b. Públicas y privadas.

5. **La OMT diferencia dos tipos de visitantes:**

1. Turista o visitante que pernocta: si su viaje incluye una pernoctación.
2. Excursionista o visitante del día.

Solucionario Capítulo 2

1. **Responda a las siguientes cuestiones.**

¿Cómo se clasifican los puntos de información turística, en función del objeto de sus servicios y de su ubicación?

En puntos de información específicos y puntos de información zonales.

¿Qué dos zonas principales bien diferenciadas se distinguen en un centro de información turística?

Front Desk o *Front Office* y *Back Desk* o *Back Office.*

¿Qué medios de comunicación se utilizan en las oficinas para prestar el servicio de información turística?

El teléfono, el contestador automático, redes sociales e internet.

¿Qué señalización externa común se comprometen a tener las Oficinas integradas en la Red de Oficinas de Turismo de Andalucía?

- Rótulos de fachada.
- Metacrilatos (transparentes y opacos en blanco).
- Pegatinas.
- Monolito.
- Banderola fija.
- Caballete móvil.
- Señales direccionales, etc.

Además del uniforme el informador deberá cuidar su comportamiento de cara al usuario de servicios turísticos, ¿cuáles serán las características esperadas?

- Actitud agradable.
- Profesionalidad en la realización de tareas.
- Buena imagen e higiene personal.
- Capacidad para comunicar.
- Iniciativa en la resolución de problemas.
- Sentido del orden.
- Trabajo en equipo, etc.

¿En qué consiste la zona de prestación del servicio de acogida?

En el espacio destinado a la atención del visitante que se acerca a la oficina, bien de forma rápida o personalizada.

2. **Seleccione si las siguientes afirmaciones son verdaderas o falsas.**

   a. La zona de consulta será el espacio destinado al uso del informador.

      ☐ Verdadero
      ☑ **Falso**

   b. La zona de autoinformación sirve para agilizar el servicio y satisfacer las necesidades de los usuarios más autónomos.

      ☑ **Verdadero**
      ☐ Falso

   c. La zona de exposición es la menos importante de la oficina.

      ☐ Verdadero
      ☑ **Falso**

   d. Es fundamental que la oficina disponga de almacén para poder clasificar el material que no sea utilizado en la actividad diaria.

      ☑ **Verdadero**
      ☐ Falso

3. **Relacione el tipo de oficina con la superficie mínima de la que ha de disponer:**

   a. Oficinas ubicadas en capitales de provincia.
   b. Oficinas ubicadas en el resto de municipios.
   c. Oficinas localizadas en centros de recepción o salida de pasajeros.

   c. 12 m^2.
   b. 25 m^2.
   a. 35 m^2.

Solucionario Capítulo 3

1. **Responda a las siguientes cuestiones**.

Cite un posible "ruido" que pueda afectar a los siguientes elementos de la comunicación:

- El emisor. Ruido: Hablar demasiado deprisa.
- El receptor. Ruido: Estar cansado y distraído.
- El mensaje. Ruido: Que sea muy técnico el contenido del mensaje.
- Las circunstancias. Ruido: Hace demasiado calor, ya que el aire acondicionado se ha estropeado.

Resuma en cuatro guiones el protocolo de actuación ante una llamada de teléfono.

- Descolgar el teléfono antes del tercer timbre y hacerlo con la mano que no se use para escribir.
- Identificar la oficina, saludar y escuchar el motivo de la llamada.
- Prestar el servicio de información, y una vez finalizado este, despedida.
- Colgar siempre en último lugar por si el interlocutor necesita algún dato más.

¿Qué tipo de información facilitan los informadores turísticos de calle? ¿Y los guías? Seleccione en cada caso guía o informador de calle:

a. El horario del Museo Picasso.

- Guía.
- **Informador de calle.**

b. Como llegar a la Alhambra de Granada desde el centro histórico de la ciudad.

- Guía.
- **Informador de calle.**

c. Año de construcción de la Mezquita de Córdoba y estilo arquitectónico.

- **Guía.**
- Informador de calle.

d. Una anécdota sobre una ruta turística.

▮ **Guía.**
▮ Informador de calle.

¿Tendrá derecho un guía de turismo al acceso gratuito a los bienes integrantes del Patrimonio histórico andaluz que estén situados en el ámbito territorial para el que hayan obtenido su habilitación, durante las horas señaladas para la visita al público y siempre que se encuentren ejerciendo su actividad? Justifique su respuesta con la normativa.

Sí. Según el Decreto 214/2002, de 30 de julio, regulador de los guías de turismo de Andalucía, el acceso a estos bienes será gratuito cuando se cumplan las condiciones anteriores.

¿Qué significan las iniciales CEFAPIT y FEG?

▮ CEFAPIT: Confederación Española de Federaciones y Asociaciones Profesionales de Guías de Turismo.
▮ FEG: Federación Europea de Guías.

Cite cuatro ventajas que proporcione el uso de la web en las oficinas de turismo.

▮ Poder alcanzar a un gran número de internautas no solo en España sino en el resto del mundo.
▮ Disminución de los costes de promoción y distribución.
▮ Posibilidad de una continua actualización de los contenidos.
▮ Admite fotografías, imágenes, dibujos, gráficos, etc., lo cual enriquece la información suministrada.

Ordene del 1 al 5 los pasos a seguir en la selección de personal.

5-a. Completar y ampliar la formación de la plantilla.
2-b. Recoger las funciones a desempeñar por el nuevo miembro del equipo.
3-c. Seleccionar al personal más adecuado.
1-d. Determinar el número de personas que se necesita contratar.
4-e. Integrar al personal nuevo en la empresa.

2. **¿Cuáles de los siguientes conocimientos se relacionan con el perfil profesional de un informador turístico? Señale en cada caso si la afirmación es verdadera o falsa.**

a. Conocimientos sobre todos los recursos de España.

☐ Verdadero
☑ **Falso**

b. Aptitud: amable, educado, paciente, etc.

☑ **Verdadero**
☐ Falso

c. Conocimientos sobre normativa mercantil.

☐ Verdadero
☑ **Falso**

d. Atención adecuada a una queja o reclamación.

☑ **Verdadero**
☐ Falso

3. **Complete las frases sobre las condiciones para conseguir una adecuada comunicación verbal.**

a. Organizar
b. Utilizar
c. Evitar
d. Adaptar

b. ... frases cortas para expresar ideas.
d. ... el mensaje al visitante.
a. ... los pensamientos antes de hablar.
c. ... las muletillas.

4. **Rellene el siguiente texto:**

En el diseño de una carta, el modelo que suele presentar una carta comercial es el siguiente: membrete, **destinatario**, saludo, texto, **cierre, firma, nombre** y **cargo**, lugar y fecha, **anexo.**

Solucionario Capítulo 4

1. **Una tarjeta de débito es aquella que...**

   a. ... admite sacar dinero independientemente de la cantidad que se tenga en la cuenta.
   b. **... permite solo disponer de la cantidad de dinero que el cliente tiene en su cuenta.**

2. **Responda a las siguientes cuestiones:**

   a. Cite el nombre de los documentos vistos en este capítulo que sean usados en una oficina de información turística.

   El plano, el mapa, el folleto turístico, las guías turísticas, las guías de servicios, los carteles anunciadores y los terminales informáticos.

   b. ¿Por qué es importante realizar estadísticas en los centros de información turística?

   Porque al determinar el tipo de información solicitada por la demanda, se puede analizar el material más demandado por los usuarios que visitan ese destino turístico. Y también al conocer el número y el origen de los visitantes, estos datos van a permitir adaptar la información al tipo de usuario que la demanda.

   c. Para el acceso a España para ciudadanos que pertenezcan a la UE (Unión Europea), ¿será necesario pasaporte? ¿Y visado?

   Por ser miembro de la UE será suficiente con el DNI (Documento Nacional de Identidad).

   d. ¿Cuándo se podrá expedir un pasaporte colectivo?
   Con motivo de peregrinaciones, excursiones y demás actos de análoga naturaleza, siempre que exista reciprocidad con el país de destino; su validez queda limitada a un solo viaje, cuya duración no podrá exceder de tres meses. Pueden utilizarlo los menores de 21 años para viajar a: Andorra, Austria, Bélgica, Dinamarca, Francia, Grecia, Holanda, Irlanda,

Islandia, Italia, Luxemburgo, Malta, Noruega, Portugal, Reino Unido (incluido Gibraltar), Suecia y Suiza.

e. ¿Podrá un consulado prestar dinero a un turista español?

El consulado no puede avalar o prestar dinero.

f. Cita dos recomendaciones que da el ministerio con competencias en asuntos exteriores antes de comenzar su viaje.

Que se provea de toda la documentación necesaria, incluido el visado para los países que lo exijan.

Que se viaje con un seguro con la máxima cobertura posible.

g. ¿Cuál es la cantidad máxima de moneda metálica, billetes de banco y cheques bancarios al portador que se puede sacar por persona y viaje del territorio español?

10.000 €.

3. **Seleccione si las siguientes afirmaciones son verdaderas o falsas.**

a. Nunca hay que ignorar una queja.

☑ **Verdadero**
☐ Falso

b. Nunca se discutirá con un cliente en público.

☑ **Verdadero**
☐ Falso

c. Si la solución no está en manos del trabajador, se acudirá a un superior.

☑ **Verdadero**
☐ Falso

d. No se tendrá prisa para solucionar el problema.

☐ Verdadero
☑ **Falso**

4. Relacione los siguientes conceptos con sus definiciones:

a. Asegurador
b. Asegurado
c. Prima
d. Póliza

d. Documento que contiene las condiciones de seguro.
c. Cantidad de dinero para adquirir el seguro.
b. El cliente.
a. Compañía de seguros.

Solucionario 2
Gestión de la información y documentación turística local

Solucionario Bloque 1 Capítulo 1

1. **Responda a las siguientes cuestiones:**

   a. Explique la diferencia entre solicitudes genéricas y específicas.

   Las solicitudes genéricas hacen referencia a las principales demandas de información que recibe la entidad turística; mientras que, las solicitudes específicas se relacionan con la reserva y contratación de servicios turísticos.

   b. ¿En qué momento comprobará que están ordenados los folletos y demás material informativo el personal de la oficina?

   A primera hora del día antes de la apertura al público. Este material también será revisado durante las horas que se mantenga abierta la oficina con el objetivo de facilitar la tarea de búsqueda de información al usuario.

   c. ¿Qué tipo de datos se suelen incluir en las estadísticas diarias que se llevan a cabo en las oficinas de turismo?

      1. Procedencia.
      2. Tipo de información turística solicitada.
      3. Idioma.
      4. Etc.

   d. ¿Qué dos aspectos son fundamentales en el primer contacto con el cliente?

   Amabilidad y sonrisa.

   e. ¿Cuál es el objetivo de proporcionar un servicio de calidad?

   Dar una buena imagen y fidelizar al cliente.

2. **Indique cuál de las siguientes afirmaciones es verdadera o falsa.**

   a. Las rutas y excursiones naturales y culturales son una solicitud específica.

      ☐ Verdadero
      ☑ **Falso**

   b. La reserva de alojamiento en un hotel es una solicitud específica.

      ☑ **Verdadero**
      ☐ Falso

   c. La contratación de un billete de autobús es una solicitud genérica.

      ☐ Verdadero
      ☑ **Falso**

   d. La información sobre el casco antiguo de la ciudad y principales recursos turísticos es una solicitud genérica.

      ☑ **Verdadero**
      ☐ Falso

   e. Una vez determinada el tipo de solicitud que realiza la demanda, el siguiente paso será la identificación de las fuentes de información.

      ☑ **Verdadero**
      ☐ Falso

   f. A la hora de valorar las fuentes de información se tendrán en cuenta aspectos como el autor o el contenido.

      ☑ **Verdadero**
      ☐ Falso

   g. Una fuente subjetiva será de mayor utilidad.

      ☐ Verdadero
      ☑ **Falso**

h. Si se trata de contenidos en internet se valorará la inteligibilidad del mensaje.

☑ **Verdadero**

☐ Falso

3. **Complete los siguientes textos:**

a. Uno de los criterios más consolidados en la clasificación de las fuentes de información las divide en: **internas** y **externas.**

b. Se denominan fuentes **generales** las que tratan diversos temas, y fuentes **especializadas** las que profundizan en un determinado aspecto.

c. Cuando no cuesta nada la consulta de una fuente de información, esta se denomina **gratuita,** mientras que si es necesario abonar una cantidad de dinero para su utilización, recibe el nombre de fuente de **pago.**

Solucionario Bloque 1 Capítulo 2

1. **Responda a las siguientes cuestiones:**

   a. ¿Qué normativa regula la Red de Oficinas de Turismo de Andalucía y del País Vasco?

   - Decreto 202/2002, de 16 de julio, de Oficinas de Turismo y de la Red de Oficinas de Turismo de Andalucía (Derogado algunos artículos por el decreto 15/2004 y modificado por el Decreto 80/2010).
   - Decreto 279/2003, de 18 de noviembre, de la Red Vasca de Oficinas de Turismo–ITOURBASK.

   b. ¿Qué tres puntos se tienen en cuenta en la segunda etapa de la gestión documental?

   - Análisis de las fuentes.
   - Contraste de la información.
   - Archivo de la documentación.

   c. ¿Qué característica debe primar en el sistema de almacenaje elegido?

   La sencillez.

   d. ¿Qué dos zonas se distinguen en la oficina de turismo?

   Front desk (zona de atención al usuario) y back desk (zona de almacén).

   e. ¿En qué soportes se almacenará la información en el centro de información turística?

   Soporte escrito, audiovisual y electrónico.

2. **Indique si las siguientes afirmaciones son verdaderas o falsas:**

   a. El análisis de las fuentes de información se realizará tras el almacenaje.

   ☐ Verdadero
   ☑ **Falso**

b. En la gestión documental no es necesario contrastar la información.

☐ Verdadero
☑ **Falso**

c. El archivo de la información se hará de cualquier forma, almacenando indiscriminadamente los folletos en el almacén.

☐ Verdadero
☑ **Falso**

d. Para el buen funcionamiento del almacén será importante elaborar un registro donde se anote el material que entre y salga.

☑ **Verdadero**
☐ Falso

e. El back desk es la zona de atención al cliente de la oficina.

☐ Verdadero
☑ **Falso**

f. En el front desk existirá un mostrador de recepción y una zona de auto-consulta.

☑ **Verdadero**
☐ Falso

g. La recepción de la oficina, donde se produce el servicio de acogida e información, estará llena de material turístico.

☐ Verdadero
☑ **Falso**

h. En ocasiones, existirán en la oficina terminales informáticos que permitan al usuario consultar los principales recursos del destino.

☑ **Verdadero**
☐ Falso

3. **Rellene los huecos de los siguientes textos:**

   a. La clasificación **cronológica,** consiste en ordenar los documentos según la fecha de entrada.
   b. La clasificación **por materias,** organiza los documentos según su contenido y a su vez por orden alfabético.
   c. La clasificación **numérica,** le asigna a cada documento un número, que determina la ubicación que tiene en el archivo.

Solucionario Bloque 1 Capítulo 3

1. **Responda a las siguientes cuestiones:**

a. ¿Qué característica presenta la información turística?

Su rápida caducidad.

b. Cite dos objetivos que se persiguen con la apertura de los centros de información.

- Prestar un servicio de información turística al visitante, ya sea de forma presencial o telemática, utilizando los diferentes medios de comunicación y soportes de la documentación. Esta es la actividad básica de las oficinas de turismo, la cual deberá ser desarrollada de forma amable, eficaz y profesional.
- Llevar a cabo una tarea de asesoramiento y orientación de las empresas turísticas y profesionales del sector, así como también a los medios de comunicación.

c. Enumere las empresas e instituciones con las que la oficina de turismo va a tener relación, en cuanto a la distribución de la información.

1. Empresas de alojamientos.
2. Sector de la restauración.
3. Agencias de viajes.
4. Empresas de transportes.
5. Guías locales de turismo.
6. Servicios públicos.
7. Comercio.
8. Ocio y diversión.

d. ¿A qué entidad, organismo, empresa o institución corresponden las siguientes iniciales?

- OPC: Operador Profesional de Congresos.
- CEFAPIT: Confederación Española de Federaciones y Asociaciones Profesionales de Guías Turísticos.
- OMT: Organización Mundial del Turismo.
- INE: Instituto Nacional de Estadística.

2. **Indique si las siguientes afirmaciones son verdaderas o falsas:**

   a. Las oficinas de turismo van a promocionar y difundir la oferta turística del destino.

      ☑ **Verdadero**
      ☐ Falso

   b. Los centros de información turística van a coordinar la gestión de los servicios turísticos públicos y privados en el destino.

      ☑ **Verdadero**
      ☐ Falso

   c. Las oficinas de turismo pueden vender servicios turísticos (entradas a espectáculos, reservas en alojamientos, restaurantes, teatros, etc.).

      ☑ **Verdadero**
      ☐ Falso

   d. Las quejas y reclamaciones no serán tratadas en el centro de información turística.

      ☐ Verdadero
      ☑ **Falso**

3. **Rellene los huecos de los siguientes textos:**

   a. Otra forma de denominar a los inmuebles de uso turístico en régimen de aprovechamiento por turno es *time-sharing.*
   b. ¿Cuál es el teléfono internacional de urgencias? **112.**
   c. Una vez creado el material turístico de uso diario en la oficina será de vital importancia realizar la **actualización** constante de la información.
   d. Las oficinas de turismo van a participar en **ferias** y **jornadas turísticas** tanto a nivel local, regional como nacional, con la finalidad de promocionar y dar a conocer los atractivos turísticos del destino al que representan.

Solucionario Bloque 1 Capítulo 4

1. **Responda a las siguientes cuestiones:**

   a. Enumere las características del servicio de información para satisfacer de forma adecuada las expectativas del cliente.

   - Seguridad.
   - Fiabilidad en la prestación.
   - Profesionalidad.
   - Gentileza.
   - Información.

   b. Cite los aspectos a tener en cuenta para optimizar los beneficios de las nuevas tecnologías en las oficinas de turismo.

   - Amplia formación de los informadores turísticos.
   - Material electrónico.
   - Medios de comunicación.

2. **Indique si las siguientes afirmaciones son verdaderas o falsas:**

   a. Para una adecuada atención personal y telefónica el informador deberá conocer las técnicas de comunicación verbal y no verbal; además del protocolo de actuación al recibir o realizar una llamada de teléfono.

   ☑ **Verdadero**
   ☐ Falso

   b. Las páginas web simplemente permiten visualizar los contenidos que presentan.

   ☐ Verdadero
   ☑ **Falso**

   c. A través de internet hoy día se pueden realizar descargas de material turístico al ordenador, pero no a los móviles.

   ☐ Verdadero
   ☑ **Falso**

d. Algunas oficinas de turismo ofrecen en sus instalaciones puntos de autoin-formación que permiten al visitante satisfacer sus demandas de información de forma autónoma.

☑ **Verdadero**
☐ Falso

Solucionario Bloque 2 Capítulo 1

1. **Responda a las siguientes cuestiones:**

   a. Enumere las variables imprescindibles que ha tener en cuenta para segmentar el mercado.

   - Aspectos sociodemográficos.
   - Aspectos psicográficos.
   - Aspectos conductuales.
   - Aspectos temporales.
   - Aspectos relacionados con la procedencia del visitante.
   - Aspectos relacionados con la frecuencia del viaje.

   b. Cita dos ventajas y dos limitaciones que presente la segmentación del mercado.

   Ventajas:

   - Mayor rentabilidad.
   - Mejor servicio al satisfacer los deseos del consumidor.

   Limitaciones:

   - Los segmentos seleccionados deben ser compatibles con los recursos existentes y los objetivos que se plantean en la política turística del destino.
   - Para realizar la segmentación se tendrán en cuenta diferentes aspectos, no utilizando solo un criterio.

   c. Enumera las etapas del proceso de segmentación.

   1. Definición del mercado que se quiere segmentar.
   2. Elección de los criterios de segmentación.
   3. Determinación y elección de los segmentos de mercado que constituyen el público objetivo.
   4. El posicionamiento.

e. Enumera los factores internos y externos en la definición del mercado que se quiere segmentar.

Factores internos:

- Necesidades.
- Factores personales.
- Aprendizaje.
- Motivación.
- Creencias y actitudes.

Factores externos:

- *Marketing* de las empresas.
- Colectivos con los que la persona se relaciona.
- Cultura.
- Clases sociales.
- Grupos de referencia.
- Grupos de convivencia.

2. **Indique si las siguientes afirmaciones son verdaderas o falsas:**

- Un visitante es la persona que visita un lugar distinto de aquel en el cual tiene su lugar de residencia para ejercer una ocupación remunerada.

  ☐ Verdadero
  ☑ **Falso**

- El diseño de las páginas web de promoción turística de las distintas comunidades en España es el mismo.

  ☐ Verdadero
  ☑ **Falso**

- La web de Turismo de las Islas Canarias, es la que incluye más idiomas extranjeros de todos los portales web de turismo españoles.

  ☑ **Verdadero**
  ☐ Falso

■ El turismo etnográfico hace referencia a las fiestas y celebraciones. A través de ellas, permite al visitante conocer las costumbres, formas de vida y tradiciones de una determinada zona.

☑ **Verdadero**
☐ Falso

■ El portal turístico de la Región de Murcia tiene presencia en *Facebook, Twitter, Minube, Youtube y TripAdvisor,* además de la posibilidad de realizar descargas a GPS.

☑ **Verdadero**
☐ Falso

■ Por lo general, la página de promoción de un determinado destino turístico no presenta una pestaña para que el usuario se pueda poner en contacto con el mismo.

☐ Verdadero
☑ **Falso**

■ Todos los portales turísticos de las comunidades autónomas españolas se pueden visitar en inglés, francés, alemán y chino.

☐ Verdadero
☑ **Falso**

■ El turismo enológico está enfocado a ensalzar la riqueza vitivinícola de un lugar específico.

☑ **Verdadero**
☐ Falso

3. **Rellene los huecos de los siguientes textos:**

El eslogan promocional de la Comunidad Valencia que aparece en su página oficial de turismo es: **Valencia, increíble pero cierta**.

La OMT diferencia dos tipos de visitantes:

Turista: aquel que permanece más de 24 horas en el destino por motivos de placer, negocios, familia, misiones y reuniones.

Excursionista: aquel que no se aloja en el lugar que visita y que permanece en el mismo menos de 24 horas.

4. **Relacione las provincias que aparecen a continuación con las comunidades autónomas en las que se sitúan:**

   a. Ávila.
   b. San Sebastián.
   c. Badajoz.
   d. Formentera.

   d. Islas Baleares.
   b. País Vasco.
   a. Castilla León.
   c. Extremadura.

Solucionario Bloque 2 Capítulo 2

1. **Responda a las siguientes cuestiones:**

a. ¿Qué nombre recibe el experto pionero en la interpretación del patrimonio que propuso seis principios a tener en cuenta en el desarrollo de la actividad?

Freeman Tilden.

b. ¿A qué corresponden las siguientes iniciales APIT Y CEFAPIT?

- APIT: Asociaciones Profesionales de Informadores Turísticos.
- CEFAPIT: Confederación Española de Federaciones y Asociaciones Profesionales de Guías de Turismo.

c. Enumera los medios interpretativos personales.

1. Guía local.
2. Guía correo.
3. Visitas teatralizadas.
4. Bus turístico.
5. Coche de caballos.
6. *Segway.*
7. Paseos en burro.
8. Paseos aéreos.
9. *Kayak.*
10. Taxis turísticos.
11. Visitas adaptadas a personas con discapacidad.
12. Visitas virtuales.
13. Bonos o tarjetas turísticas.

d. Explica la diferencia entre los folletos de carácter general y de carácter temático.

- Folletos de carácter general. Suelen presentar información de las principales vías que constituyen el centro turístico de la ciudad, actuando como planos que permiten la orientación del turista; además, incluyen información de los principales recursos, monumentos, museos, etc. Por lo general, son editados a gran escala y en diferentes idiomas.

▪ Folletos de carácter temático. Son aquellos que centran su información sobre un determinado tema o contenido, por ejemplo: parques de atracciones, un autor en concreto (Picasso), etc.

e. Enumera los medios interpretativos no personales.

1. Ediciones.

▪ Guías turísticas.
▪ Guías de servicios.

2. Material expositivo.

▪ Folletos.
▪ Planos urbanos y mapas.
▪ Carteles anunciadores.

3. Exposiciones.
4. Terminales informáticos.
5. Audioguías.

2. **Indique si las siguientes afirmaciones son verdaderas o falsas:**

a. En la interpretación se debe corresponder la explicación de lo que se está viendo o está expuesto, con algún elemento que esté relacionado con la experiencia del visitante con el fin de captar su atención.

☑ **Verdadero**
☐ Falso

b. La información en sí es interpretación.

☐ Verdadero
☑ **Falso**

c. La interpretación es un arte, donde cualidades como la creatividad y la imaginación van a ser primordiales en el intérprete.

☑ **Verdadero**
☐ Falso

d. El principal objetivo de la interpretación es instruir.

☐ Verdadero
☑ **Falso**

e. El guía de turismo se considera un medio interpretativo no personal.

☑ **Verdadero**
☐ Falso

f. El guía local normalmente suele trabajar para una agencia de viajes donde los clientes han contratado un viaje combinado.

☐ Verdadero
☑ **Falso**

g. El *segway* se trata de un transporte personal con autobalance, que permite moverse de forma rápida por la ciudad.

☑ **Verdadero**
☐ Falso

h. Existen visitas guiadas para personas que presentan algún tipo de discapacidad (visual, auditiva, intelectual o física).

☑ **Verdadero**
☐ Falso

3. **Rellene los huecos de los siguientes textos:**

a. Dentro de las ediciones se distinguen: **guías turísticas** y **Guías de Servicios.**
b. Dentro del material expositivo se encuentran: **folletos, planos urbanos** y **mapas.**

4. **Relacione el medio interpretativo con la clasificación adecuada (personal o no personal):**

    a. Bus turístico.
    b. Carteles anunciadores.
    c. Audioguías.
    d. *Segway.*

    b. Medio interpretativo no personal.
    a. Medio interpretativo personal.
    d. Medio interpretativo personal.
    c. Medio interpretativo no personal.

Solucionario Bloque 2 Capítulo 3

1. **Responda a las siguientes cuestiones:**

a. Cite un posible "ruido" que pueda afectar a los siguientes elementos de la comunicación:

   ■ El emisor. Ruido: hablar demasiado deprisa.
   ■ El receptor. Ruido: estar cansado y distraído.
   ■ El mensaje. Ruido: que sea muy técnico el contenido del mensaje.
   ■ Las circunstancias. Ruido: hace demasiado calor, ya que el aire acondicionado se ha estropeado.

b. ¿Cómo se define la comunicación no verbal?

   Se define la comunicación no verbal como la transmisión de información de un emisor a un receptor a través de los gestos de la cara y el lenguaje del cuerpo, siendo también importante en este aspecto la imagen externa que presente la persona.

c. Si al saludar se da la mano, ¿cómo debe ser este gesto?

   Si al saludar se da la mano, el gesto debe ser firme y correcto. Ni excesivamente enérgico ni, por el contrario, blando. Debe mirarse a los ojos, amistosa y francamente, y siempre sonreír. Nunca se debe mirar a otro sitio mientras se saluda, ya que esto denotaría falta de respeto en relación a la otra persona.

d. ¿Qué se entiende por Web 2.0?

   El término Web 2.0 (2004–presente) está comúnmente asociado con un fenómeno social, basado en la interacción que se logra a partir de diferentes aplicaciones en la web, que facilitan el compartir información, la interoperabilidad, el diseño centrado en el usuario y la colaboración en la *World Wide Web* (WWW).

e. Resuma en cuatro guiones el protocolo de actuación ante una llamada de teléfono.

   ■ Descolgar el teléfono antes del tercer timbre y hacerlo con la mano que no se use para escribir.

▪ Identificar la oficina, saludar y escuchar el motivo de la llamada.

▪ Prestar el servicio de información y una vez finalizado este, despedida.

▪ Colgar siempre en último lugar por si el interlocutor necesita algún dato más.

2. **Indique si las siguientes afirmaciones son verdaderas o falsas:**

a. El emisor es el visitante que accede a la oficina de turismo y que requiere la prestación de un servicio de información.

☐ Verdadero
☑ **Falso**

b. El mensaje es la información que se transmite desde el emisor al receptor.

☑ **Verdadero**
☐ Falso

c. El *feedback* consiste en prestar atención a las reacciones del cliente mientras se realiza el servicio.

☑ **Verdadero**
☐ Falso

d. Dentro de la comunicación no verbal destaca el gesto y la imagen.

☑ **Verdadero**
☐ Falso

e. Los puntos de autoinformación que hay en el centro de información turística tienen como principal función la consulta del correo electrónico del visitante.

☐ Verdadero
☑ **Falso**

f. Una página web dinámica es aquella que permite crear aplicaciones dentro de la propia web, otorgando una mayor interactividad con el navegante (encuestas y votaciones, foros, etc.).

☑ **Verdadero**
☐ Falso

g. Las guías, folletos, planos y mapas se consideran ediciones turísticas.

☑ **Verdadero**
☐ Falso

h. Las tecnologías de la información ofrecen la posibilidad de descargar material turístico, crear un cuaderno de viaje, realizar encuestas, proyectar vídeos, etc.

☑ **Verdadero**
☐ Falso

3. **Rellene los huecos de los siguientes textos**:

a. En el diseño de una carta, el modelo que suele presentar una carta comercial es el siguiente: membrete, destinatario, saludo, texto, **cierre, firma, nombre y cargo,** lugar y fecha, y **anexo.**

b. Un documento consta de tres partes: **encabezamiento, texto** y **pie.**

4. **Relacione las siguientes afirmaciones relacionadas con una adecuada comunicación verbal**:

a. Organizar
b. Utilizar
c. Evitar
d. Adaptar

b. Frases cortas para expresar ideas.
d. El mensaje al visitante.
a. Los pensamientos antes de hablar.
c. Las muletillas.

Solucionario Bloque 2 Capítulo 4

1. **Responda a las siguientes cuestiones:**

   a. Ponga tres ejemplos de adaptación de la información en función del tipo de visitante destinatario.

   La traducción de la información turística, la tematización de la información en función del segmento de mercado y la accesibilidad de la información para los clientes con necesidades especiales.

   b. Enumere el material informativo en diferentes idiomas que se puede encontrar en una determinada ciudad.

   - Folletos, mapas y planos, guías, etc.
   - Audioguías.
   - Visitas turísticas con un guía.
   - Bus turísticos, etc.

   c. Definición de producto turístico.

   El producto turístico se va a definir como una combinación de prestaciones y elementos tangibles e intangibles ofrecidos al usuario con el objetivo de aportarle unos beneficios como respuesta a determinadas expectativas y motivaciones. Dicho de otro modo, se trata del conjunto de recursos, infraestructuras bienes y servicios que posee un destino, disponibles en el mercado para el disfrute del visitante.

   d. Enumere los tipos de recursos turísticos.

   - Recursos relacionados con la naturaleza.
   - Recursos relacionados con la historia.
   - Recursos relacionados con la cultura viva.

2. **Indique si las siguientes afirmaciones son verdaderas o falsas:**

   a. Un producto turístico se compone de recursos turísticos, infraestructuras y bienes y servicios turísticos.

      ☑ **Verdadero**
      ☐ Falso

   b. Se consideran infraestructuras al alojamiento, la restauración y el transporte.

      ☐ Verdadero
      ☑ **Falso**

   c. Se considera servicio turístico a los elementos físicos que se necesitan para que la persona que se desplaza al destino pueda acceder a él.

      ☐ Verdadero
      ☑ **Falso**

   d. Ejemplos de servicios complementarios son el de información, ocio, etc.

      ☑ **Verdadero**
      ☐ Falso

   e. Turismo rural es aquel que se desarrolla en espacios protegidos.

      ☐ Verdadero
      ☑ **Falso**

   f. El turismo industrial es aquel que se desarrolla en las grandes ciudades durante un tiempo más o menos prolongado.

      ☐ Verdadero
      ☑ **Falso**

   g. Un crucero consiste en un servicio turístico tradicional generalmente con un itinerario circular cerrado.

      ☑ **Verdadero**
      ☐ Falso

h. El turismo científico es la actividad que se propone conocer de cerca todo lo relacionado con las ciencias naturales.

☑ **Verdadero**
☐ Falso

i. El turismo de sol y playa es el responsable del boom turístico de España en los años 50.

☐ Verdadero
☑ **Falso**

j. Dentro del turismo cultural se incluyen las fiestas y tradiciones, la gastronomía y la enología, etc.

☑ **Verdadero**
☐ Falso

k. El turismo verde se desarrolla en contacto con la naturaleza y la población local.

☐ Verdadero
☑ **Falso**

l. En los grandes acontecimientos deportivos la persona desempeña un papel activo.

☐ Verdadero
☑ **Falso**

3. **Rellene los huecos de los siguientes textos:**

a. Los servicios turísticos pueden ser: **básicos** y **complementarios.**
b. El producto turístico se compone de: **recursos turísticos, infraestructuras** y **servicios turísticos.**

Solucionario Bloque 2 Capítulo 5

1. **Responda a las siguientes cuestiones:**

   a. ¿Qué aspectos se deben considerar a la hora de integrar la información en la oficina de turismo con el objetivo de prestar un servicio de calidad?

   - Punto de atención personal.
   - Material de trabajo.
   - Red informática.
   - Supresión de barreras arquitectónicas.

   b. Para hacer una correcta interpretación del patrimonio cultural y natural del entorno local, ¿qué aspectos se deben tener en cuenta?

   - Información.
   - Profesionalidad.
   - Veracidad y seguridad en la atención al cliente.

Información y atención al visitante

Solucionario Capítulo 1

1. **Cite posibles "ruidos" que pueden afectar a los siguientes elementos de la comunicación:**

   - El emisor. **Ruido: Hablar demasiado deprisa**
   - El receptor. **Ruido: Estar cansado y distraído**
   - El mensaje. **Ruido: Que sea muy técnico el contenido del mensaje**
   - Las circunstancias. **Ruido: Hace demasiado calor, ya que el aire acondicionado se ha estropeado**

2. **¿Cómo se define la comunicación no verbal?**

   Se define como la transmisión de información de un emisor a un receptor a través de los gestos de la cara, el lenguaje del cuerpo, el tono de voz, la fluidez en el habla, es decir todo aquello que no sea a través de la palabra. Es sumamente importante en este aspecto la imagen externa que presente la persona. Por esta razón, se afirma que la palabra debe ir subrayada por el gesto en todo momento.

3. **3. Indique si las siguientes afirmaciones son verdaderas o falsas.**

   a. La comunicación verbal no presencial es aquella que se produce a través del e-mail y del teléfono.

      ☑ **Verdadero**
      ☐ Falso

   b. La comunicación no verbal es inevitable y voluntaria.

      ☑ **Verdadero**
      ☐ Falso

   c. La proxémica es la disciplina que estudia los gestos faciales y movimientos corporales.

      ☐ Verdadero
      ☑ **Falso**

d. Una persona socialmente hábil habla en un volumen audible, no titubea, articula las palabras en tono firme y adecuado, sin variar la entonación ni la velocidad y sin hacer silencios.

☐ Verdadero
☑ **Falso**

4. ¿Qué son las habilidades sociales?

Se trata del conjunto de estrategias de conductas y hábitos aprendidos que permiten comunicarse con los demás de una manera efectiva y satisfactoria.

5. Enumere seis técnicas que puedan mejorar la primera impresión que se lleva un cliente al entrar a una oficina de turismo.

1. Contribuir al mantenimiento de unas instalaciones de calidad.
2. Apariencia de los trabajadores cuidada.
3. Espíritu de servicio.
4. Amabilidad.
5. Actitud profesional.
6. Adaptación a las necesidades del cliente.

 Solucionario Capítulo 2

1. **De las cinco definiciones de "protocolo" que aparecen en la RAE, ¿cuál de ellas es la más apropiada para la labor de informador turístico?**

   a. Serie ordenada de escrituras matrices y otros documentos que un notario o escribano autoriza y custodia con ciertas formalidades.
   b. Acta o cuaderno de actas relativas a un acuerdo, conferencia o congreso diplomático
   c. Conjunto de reglas establecidas por norma o por costumbre para ceremonias y actos oficiales o solemnes.
   d. Secuencia detallada de un proceso de actuación científica, técnica, médica, etc.
   e. **Conjunto de reglas que se establecen en el proceso de comunicación entre dos sistemas.**

2. **Indique si las siguientes afirmaciones son verdaderas o falsas.**

   a. El protocolo social está regulado por ley.

      ☐ Verdadero
      ☑ **Falso**

   b. La precedencia es el lugar que deben ocupar los invitados teniendo en cuenta su jerarquía.

      ☑ **Verdadero**
      ☐ Falso

   c. Se debe tutear a los clientes a no ser de que indiquen lo contrario.

      ☐ Verdadero
      ☑ **Falso**

   d. Llegar tarde es tan grave como llegar con mucho tiempo de antelación.

      ☑ **Verdadero**
      ☐ Falso

3. **Enumere las 5 normas recogidas en el *Manual de Buenas prácticas en oficinas de turismo.***

1. El informador debe tener un trato amable con los visitantes.
2. Imagen personal bien cuidada.
3. Se debe mantener una imagen de interés en el visitante.
4. Se mantendrá el nivel físico con el visitante cuando ese está de pie.
5. Cuando el personal está en situación de espera se mantendrá a la vista del visitante.

Solucionario Capítulo 3

1. **¿Qué diferencia existe entre solicitudes genéricas y específicas?**

   Las solicitudes genéricas hacen referencia a las principales demandas de información que recibe la entidad turística (recursos rutas, excursiones, etc.), mientras que las solicitudes específicas hacen referencia a la reserva y contratación de servicios turísticos (alojamiento y manutención principalmente).

2. **¿Cuáles son los motivos que la Organización Mundial del Turismo diferencia como principal actividad que busca el viajero en el destino?**

   - Motivos personales: entre los que se encuentran vacaciones de recreo y ocio, visitas a familiares y amigos, educación y formación, salud y atención médica, religión, compras, tránsito, trabajos de investigación, voluntariados y cualquier otra actividad no remunerada que no esté incluida en las anteriores.
   - Motivos profesionales y de negocio.

3. **Enumere las variables imprescindibles a tener en cuenta para segmentar el mercado.**

   - Aspectos sociodemográficos.
   - Aspectos psicográficos.
   - Aspectos conductuales.
   - Aspectos temporales.
   - Aspectos relacionados con la procedencia del visitante.
   - Aspectos relacionados con la frecuencia del viaje.

4. **Indique si las siguientes afirmaciones son verdaderas o falsas.**

   a. El exceso de información suministrada a un visitante no es tan perjudicial como la falta de ella.

   ☐ Verdadero
   ☑ **Falso**

b. Las necesidades aluden a la manera en la que el viajero desea que se cumplan sus expectativas, es decir, a la forma en la que espera que suceda.

☐ Verdadero
☑ **Falso**

c. La calidad es un concepto objetivo en cuanto a la percepción que cada visitante tenga del servicio recibido.

☐ Verdadero
☑ **Falso**

d. Las estadísticas realizadas en las oficinas de turismo proporcionan información sobre el material más demandado por los visitantes y la nacionalidad de los mismos.

☑ **Verdadero**
☐ Falso

5. **Enumere los conocimientos que un informador debe saber sobre el destino en el que trabaja.**

    1. Situación de los servicios y los recursos.
    2. Horarios de apertura, cierre y días festivos.
    3. Haber visitado en persona los recursos más importantes.
    4. La historia de los recursos más importantes y saber ubicarlos en el tiempo.
    5. Horarios, precios y normas de uso de los principales medios de transportes.
    6. Eventos: fechas, horarios, condiciones de participación, etc.
    7. Cualquier otro tipo de oferta turística y sus recursos que se encuentren próximos al lugar donde se ubica la oficina.

Solucionario Capítulo 4

1. **Enumere los tres tipos de turismo que distingue la OMT atendiendo a la dirección o al sentido del viaje.**

   ▮ Turismo emisor
   ▮ Turismo receptor
   ▮ Turismo interno

2. **Indique si las siguientes afirmaciones son verdaderas o falsas.**

   a. El turismo internacional es aquel que supone un cruce de frontera y comprende el turismo interno y receptor.

      ☐ Verdadero
      ☑ **Falso**

   b. Un visitante puede clasificarse como, turista (si pernocta), o excursionista (si no pernocta).

      ☑ **Verdadero**
      ☐ Falso

   c. Según su rol, un turista puede ser de lujo, masivo o social.

      ☐ Verdadero
      ☑ **Falso**

   d. Los recursos turísticos son los elementos que existen en el núcleo receptor que tienen con capacidad para atraer visitantes.

      ☑ **Verdadero**
      ☐ Falso

e. Se denomina gentrificación turística a aquellos procesos de desarrollo urbano en los que la población local está siendo desplazada por los turistas y toda la industria y comercios asociados a ellos.

☑ **Verdadero**
☐ Falso

3. ¿Cuáles son las acciones que, según la OMT, deben darse para un turismo sostenible?

1. Dar un uso óptimo a los recursos medioambientales, que son un elemento fundamental del desarrollo turístico, manteniendo los procesos ecológicos esenciales y ayudando a conservar los recursos naturales y la diversidad biológica.
2. Respetar la autenticidad sociocultural de las comunidades anfitrionas, conservar sus activos culturales y arquitectónicos y sus valores tradicionales, y contribuir al entendimiento y la tolerancia intercultural.
3. Asegurar unas actividades económicas viables a largo plazo, que reporten a todos los agentes unos beneficios socioeconómicos bien distribuidos, entre los que se cuenten oportunidades de empleo estable y de obtención de ingresos y servicios sociales para las comunidades anfitrionas, y que contribuyan a la reducción de la pobreza.

Solucionario Capítulo 5

1. **¿Por qué resulta de vital importancia gestionar de forma correcta los tiempos de atención?**

Porque un usuario no ocupado siente que el tiempo pasa más lento; por esa razón, es importante informar de las causas de la espera para reducir la tensión y la ansiedad así como, proporcionar un rol a las personas transmitiéndoles sensación de control.

2. **¿Cuándo surgen las colas?**

Las colas surgen cuando un número de personas quieren acceder al mismo tiempo a un determinado servicio, es decir, cuando la demanda es superior a la capacidad que tiene la empresa o entidad de proporcionar dicho servicio.

3. **¿Qué se conoce como "crisis" en atención al cliente?**

Son desencuentros entre el prestador del servicio y el cliente, más o menos graves, que aparecen sin previo aviso por lo que dejan escaso margen para actuar.

4. **Indique si las siguientes afirmaciones son verdaderas o falsas.**

  a. Si el cliente solicita información adicional que el informador no dispone y para su búsqueda, se necesitara de un tiempo excesivo que el cliente no tiene, el informador le pedirá que vuelva con posterioridad o en caso de que no pueda, se le indicará donde puede encontrar la información.

     ☑ **Verdadero**
     ☐ Falso

  b. Cuando los tiempos de espera son gestionados por el informador, los clientes son mucho más generosos con el tiempo.

     ☐ Verdadero
     ☑ **Falso**

c. Una vez surgida la crisis, lo primero que hay que hacer es evaluar el alcance, después se debe reparar el daño y, por último, poner medidas para que no vuelva a suceder.

☑ **Verdadero**
☐ Falso

Solucionario Capítulo 6

1. **¿Cuándo deben de ser respondidas las demandas realizadas a través de la web, el *e-mail* o el correo?**

Deben ser respondidas en los 60 minutos posteriores a la recepción de los mismos en horarios de apertura, y fuera de estas horas en los primero 60 minutos del turno siguiente.

2. **¿Cómo debe ser el título que se escriba en el "asunto" de un *e-mail?***

Debe de ser un título significativo, evitando que sea muy largo o demasiado corto, que represente perfectamente el asunto del que trata el correo.

3. **¿Por qué dos razones es importante realizar estadísticas en los centros de información turística?**

Porque, al determinar el tipo de información solicitada por la demanda, se puede analizar el material más demandado por los usuarios que visitan ese destino turístico. Y también, al conocer el número y el origen de los visitantes, estos datos van a permitir adaptar la información al tipo de usuario que la demanda.

4. **Indique si las siguientes afirmaciones son verdaderas o falsas.**

   a. Si en un *e-mail* quiere enviar una copia oculta a su jefe, deberá poner su dirección en el campo "CCO".

   ☑ **Verdadero**
   ☐ Falso

   b. Cuando se atiende una llamada telefónica y se asiste a una gestión que requiere una espera del visitante, se mantendrá como mínimo un contacto auditivo regular en el que cada 2 minutos de espera se comunicará que se sigue realizando la gestión.

   ☐ Verdadero
   ☑ **Falso**

c. Las quejas son manifestaciones dirigidas, por quien consume un bien o un servicio, a la persona física o jurídica que lo comercializa o presta, en el que, de forma expresa o tácita, pide una restitución, reparación o indemnización, la rescisión de un contrato, anulación de una deuda o realización de una prestación a la que cree tener derecho, en relación con la solicitud de prestación de un bien o un servicio que considera insatisfactoriamente atendida.

☐ Verdadero
☑ **Falso**

d. El control estadístico se llevará a cabo de todas las consultas de información realizadas por los visitantes a través de cualquier medio de comunicación.

☑ **Verdadero**
☐ Falso

 Solucionario Capítulo 7

1. **¿Cuál es la norma en materia de protección al usuario de mayor rango en España?**

El artículo 51 de la Constitución de 1978.

2. **¿Qué organismo lleva la política de consumo estatal?**

La Dirección General de Consumo.

3. **Según el Real Decreto Legislativo 1/2007 del 16 de noviembre, ¿qué se entiende por consumidores o usuarios?**

Son consumidores o usuarios las personas físicas que actúen con un propósito ajeno a su actividad comercial, empresarial, oficio o profesión. Son también consumidores a efectos de esta norma las personas jurídicas y las entidades sin personalidad jurídica que actúen sin ánimo de lucro en un ámbito ajeno a una actividad comercial o empresarial.

4. **¿Qué es el Centro Europeo del Consumidor?**

Es un proyecto cofinanciado por la Unión Europea y por el Ministerio de Sanidad, Consumo y Bienestar Social que ofrece información, asistencia y asesoramiento gratuitos y personalizados a consumidores nacionales que tienen problemas con las transacciones en otro país de la red ECC-Net.

5. **Indique si las siguientes afirmaciones son verdaderas o falsas.**

   a. La normativa de protección al consumidor es un conjunto de normas estatales.

      ☐ Verdadero
      ☑ **Falso**

b. Los poderes públicos están obligados a garantizar la defensa de los consumidores o usuarios.

    ☑ **Verdadero**
    ☐ Falso

c. En caso de que se produzca una vulneración de los derechos del consumidor, el primer paso es reclamar ante el proveedor del bien o servicio.

    ☑ **Verdadero**
    ☐ Falso

d. Las comunidades autónomas no tienen competencias para dictar normas en materia de protección al usuario.

    ☐ Verdadero
    ☑ **Falso**

Solucionario 4

Diseño de productos y servicios turísticos locales

Solucionario Capítulo 1

1. **Ordene cronológicamente los siguientes acontecimientos turísticos e interrelació-nelos con la etapa a la cual pertenecen.**

    a. Creación de la AIT.
    b. Línea ferroviaria Barcelona-Mataró.
    c. Boom turístico.
    d. Gremio de Hospedajes.
    e. Grand Tour.

    d, e. Etapa inicial.
    b, a. Etapa de desarrollo.
    c. Etapa de consolidación.

2. **Defina los siguientes conceptos.**

    a. **Excursionista.** Persona que realiza un viaje fuera de su entorno habitual y que no pernocta. La actividad a realizar en el lugar a visitar no es re-munerada.
    b. **Turista.** Persona que realiza un viaje fuera de su entorno habitual y que pernocta en el lugar visitado. Al igual que el excursionista, la actividad a realizar no es remunerada.
    c. **Turismo receptor.** Países que reciben turistas no residentes de otros países.
    d. **Flujo turístico.** Desplazamiento o movimiento de personas desde un origen o núcleo emisor a un destino o núcleo receptor.
    e. **Estacionalidad.** Actividad intensa de turismo concentrada en un período de tiempo durante una época concreta en un mismo territorio.

3. **Relacione los siguientes elementos de la oferta turística.**

    a. Museos.
    b. Hoteles.
    c. *Fast food.*
    d. *Brokers.*
    e. Puntos de información turística.
    f. Parques nacionales.
    g. Autovías.

b. Servicios de alojamiento.
f. Recursos naturales.
g. Equipamientos/infraestructuras.
d. Servicio de intermediación.
c. Servicio de restauración.
a. Recursos culturales.
e. Servicio de información.

4. **¿A qué operadores turísticos les corresponden las siguientes funciones?**

a. Diseño y comercialización de productos y servicios turísticos a través de las agencias de viajes minoristas. **Turoperadores.**
b. Cambio de divisas y venta y cambio de cheques de viajeros. **Agencias de viajes y centrales de reservas.**
c. Formalización de pólizas de seguro turístico, de pérdida o deterioro de equipajes y otras que cubran los riesgos derivados de los viajes. **Agencias de viajes.**
d. Promoción y comercialización de productos turísticos en un territorio determinado. **Consorcios de turismo.**
e. Compra de grandes cantidades de plazas de los siguientes servicios turísticos: alojamiento, restauración y transporte. *Brokers.*
f. fIntermediación entre la oferta y la demanda comprando plazas y revendiéndolas o cobrando comisiones. *Wholesalers.*

5. **¿En qué consiste el comercio electrónico *business to consumers* (B2C)?**

Consiste en la venta de productos finales al consumidor. Son la webs de empresas vendedoras dirigidas a tratar de establecer transacciones comerciales con clientes particulares compradores. Este tipo de comercio genera comodidad, ahorro de costes, ofrece la posibilidad de comparar precios y de buscar productos. Sin embargo, la desconfianza de los medios de pagos es uno de los inconvenientes sobre los que hay que trabajar a través del servicio al cliente y la transparencia de la empresa.

6. **¿Cuáles son las etapas de creación de un servicio turístico?**

▌Conceptualización.
▌Estructuración.
▌Comercialización.
▌Prestación.

7. **Complete las siguientes oraciones.**

   a. Se define **administración turística** como aquellos órganos y entidades de naturaleza pública con competencias específicas sobre la actividad turística.

   b. **Cuenta satélite de turismo** es un conjunto de cuentas y tablas, basado en los principios metodológicos de la contabilidad nacional y, que presenta los distintos parámetros económicos del turismo de manera interrelacionada para una fecha de referencia dada.

   c. La **demanda turística** está formada por el conjunto de personas que quieren satisfacer sus necesidades y deseos de los **bienes** y **servicios** que se encuentra en el **turístico**.

8. **De las siguientes frases, indique cuál es verdadera o falsa.**

   a. La demanda diferida está compuesta por las personas que no viajan.

      ☐ Verdadero
      ☑ **Falso**

   b. La elasticidad son los cambios producidos en la cantidad demandada como consecuencia de la variación de un precio.

      ☑ **Verdadero**
      ☐ Falso

   c. Las operaciones sobre los movimientos turísticos de los españoles se denomina Habitur.

      ☐ Verdadero
      ☑ **Falso**

9. **Enumere los componentes del producto turístico.**

   Recursos Turísticos + Servicios Turísticos + Infraestructuras + Transportes + Precio = Producto Turístico

10. ¿Qué es Turespaña y qué función tiene?

El Instituto de Turismo de España (Turespaña) es el organismo de la Administración General del Estado encargado de la promoción en el exterior de España como destino turístico.

Solucionario Capítulo 2

1. **¿Qué es el Plan General de Ordenación Urbana?**

   Es el instrumento básico de ordenación integral del territorio de uno o varios municipios, a través del cual se clasifica el suelo, se determina el régimen aplicable a cada clase de suelo, y se definen los elementos fundamentales del sistema de planeamiento urbanístico o planificación urbana del municipio en cuestión.

2. **Establezca a qué categorías pertenecen los siguientes recursos turísticos.**

   a. Semana Santa. **Categoría 5.**
   b. Festival de Música y Danza de Granada. **Categoría 5.**
   c. El Torcal de Antequera. **Categoría 1.**
   d. Parque Güell. **Categoría 2.**
   e. Murallas de Ávila. **Categoría 2.**

3. **De las siguientes afirmaciones, indique cuál es verdadera o falsa.**

   a. Las fuentes de información primarias se dividen en internas y externas.

      ☐ Verdadero
      ☑ **Falso**

   b. La Unión Europea regula la ordenación del territorio a través de leyes y decretos.

      ☐ Verdadero
      ☑ **Falso**

   c. Los paneles son encuestas repetitivas a un núcleo de población concreto que se realizan con periodicidad, cuyo fin es el análisis de comportamiento de compra, venta y uso de productos, así como el estudio de audiencias.

      ☑ **Verdadero**
      ☐ Falso

4. **Defina los siguientes conceptos.**

   a. **Plan de ordenación territorial.** Es una herramienta de planificación y ordenación del territorio cuyo objetivo es corregir los desequilibrios territoriales, integrando criterios de conservación y unificando sectores que beneficien al conjunto del territorio.

   b. **Fuentes de información.** Son los recursos que difunden conocimientos de un campo determinado a través de datos obtenidos por distintos medios: formales, orales, informales, escritos o multimedia.

   c. **Inventario de recursos turísticos.** Es un catálogo de los recursos que existen en un territorio determinado, identificados, clasificados y categorizados según una metodología.

5. **Complete las siguientes oraciones.**

   a. La investigación de mercados es un **instrumento** que proporciona **información** a la empresa, a través de la **recopilación, análisis** e **interpretación** de datos, apoyando de esta manera la **toma** de **decisiones.**

   b. Las fuentes de información primarias son aquellas **fuentes** que proporcionan información **nueva u original.**

6. **Enumere las fases de la planificación estratégica.**

   1. Misión.
   2. Análisis DAFO.
   3. Formulación de objetivos.
   4. Formulación de estrategias.
   5. Formulación de programas.
   6. Implantación.
   7. Análisis y control de resultados.

7. **De los organismos españoles que facilitan información estadística del sector turístico, cite cinco clases distintas de estadísticas.**

   ▪ Familitur.
   ▪ Frontur.
   ▪ Egatur.

▌Habitur.
▌Cuenta satélite de turismo.

8. **Elija la opción correcta:**

Las estrategias formuladas en el plan estratégico para conseguir los objetivos son:

    a. De liderazgo en costes y de especialización.
    b. De liderazgo en costes, de especialización y de segmentación.
    c. De liderazgo en costes, de diferenciación y de especialización.

En el análisis DAFO corresponden al área interna...

    a. ... las debilidades y las fortalezas.
    b. ... las debilidades y la amenazas.
    c. ... las oportunidades y las amenazas.

Los instrumentos más utilizados en los métodos cualitativos son:

    a. Sesiones de grupo, técnicas proyectivas y entrevistas en profundidad.
    b. Sesiones de grupo y entrevistas en profundidad.
    c. Sesiones de grupo y técnicas proyectivas.

9. **Cite los tipos de encuesta según el medio utilizado.**

Encuestas personales, telefónicas, postales y por Internet.

10. **A través de la investigación de mercados, ¿qué grandes tipos del sector es posible conocer?**

La producción, el consumo, la capacidad de absorción y las formas de distribución.

Solucionario Capítulo 3

1. ¿Qué es un producto turístico local?

Los productos turísticos locales son el conjunto de recursos, infraestructuras, bienes y servicios de un determinado territorio, dispuestos de una manera ordenada y estructurada, disponibles en el mercado para satisfacer las necesidades y expectativas de los turistas.

2. Establezca a qué tipos de turismo pertenecen los siguientes productos turísticos.

a. Piragüismo. **Turismo activo.**
b. Camino de Santiago. **Turismo itinerante.**
c. Circuito Viena, Praga, Budapest. Todo Incluido. **Turismo en masa organizado.**
d. La Alhambra. **Turismo cultural.**
e. Avistamiento de cetáceos en el Estrecho. **Turismo de naturaleza.**

3. ¿Qué es un plan de empresa?

Un plan de empresa es un documento de trabajo que recoge toda la información relevante sobre la viabilidad de un proyecto empresarial de forma ordenada y coherente. En él se analizan, se describen y se identifican las oportunidades de negocio, la viabilidad técnica, económica y financiera del proyecto, así como se desarrollan los procedimientos y técnicas que se han de llevar a cabo para que dicha oportunidad de negocio se haga realidad en un proyecto empresarial.

4. Elija la opción correcta.

Los niveles de productos turísticos, en función de las expectativas y satisfacción del cliente son:

a. **Producto común, producto esperado, producto mejorado y producto potencial.**
b. Producto común, producto deseado, producto mejorado y producto potencial.
c. Producto común, producto mejorado y producto potencial.

Las acciones necesarias para la redefinición de productos turísticos son:

a. **Innovación, cualificación y diferenciación.**
b. Diversificación, diferenciación e innovación.
c. Capacitación, diversificación y diferenciación.

En función de sus características, los tipos de servicios son:

a. **Básicos, periféricos, de base derivados y complementarios.**
b. Básicos, externos, de base derivado y complementarios.
c. Básicos, periféricos y complementarios.

5. **Enumere las fases de un plan de empresa.**

   1. Datos básicos del proyecto.
   2. Promotores del proyecto.
   3. Plan de producción.
   4. Análisis del mercado.
   5. Productos y/o servicios.
   6. Plan de *marketing*.
   7. Plan de gestión interna.
   8. Plan económico-financiero.

6. **Defina los siguientes conceptos.**

   Leasing. Contrato de arrendamiento donde el arrendador traspasa el derecho al uso al arrendatario mediante un precio y durante un tiempo establecido, dando la opción de compra al término del contrato.

   FEDER. Fondo Europeo de Desarrollo Regional.

   Diagrama de Gantt. Herramienta gráfica que consiste en mostrar el tiempo que se va a dedicar a las actividades en un tiempo determinado.

   Consorcio. Organismo con entidad jurídica propia formada por administraciones y/o entidades privadas sin ánimo de lucro cuya finalidad es el interés público.

7. **De las siguientes afirmaciones, indique cuál es verdadera o falsa.**

    a. Los patronatos de turismo son sociedades anónimas sin ánimo de lucro con capital mayoritario público, donde la participación privada es notable y la gestión es flexible y eficaz, siendo idóneas para actividades de promoción y *marketing*.

        ☐ Verdadero
        ☑ **Falso**

    b. Los fondos estructurales europeos están compuestos por FSE y Leader+.

        ☐ Verdadero
        ☑ **Falso**

8. **De las siguientes formas de financiación de proyectos, clasifique cuáles son recursos propios y cuáles recursos ajenos.**

    a. Ayudas y subvenciones. **Recurso propio.**
    b. Reservas. **Recurso propio.**
    c. Crédito bancario. **Recurso ajeno.**
    d. *Factoring.* **Recurso ajeno.**
    e. Bono. **Recurso propio.**

9. **¿Qué es el ciclo de vida de un producto turístico? Cite las fases.**

Son las fases por las que pasa todo producto, siendo diferentes cada una de ellas en cuanto al tiempo de duración y en cuanto a las características y necesidades. Las fases son:

    ❙ Lanzamiento.
    ❙ Crecimiento.
    ❙ Madurez.
    ❙ Saturación.
    ❙ Declive.

10. Complete las siguientes oraciones.

a. La gestión de proyectos es definida como la **organización** y **administración** de los recursos que conforman un **proyecto,** de forma que puedan conseguirse en función del **alcance,** el tiempo y los **costes** definidos.

b. El Plan de acción consiste en la realización de **programas** y **presupuestos** a poner en marcha para conseguir los **objetivos** propuestos.

Solucionario Capítulo 4

1. **¿Qué es el desarrollo turístico sostenible?**

   El turismo que tiene plenamente en cuenta las repercusiones actuales y futuras, económicas, sociales y medioambientales para satisfacer las necesidades de los visitantes, de la industria, del entorno y de las comunidades anfitrionas.

2. **Establezca a qué factores económicos, ambientales o socioculturales pertenecen las siguientes acciones.**

   a. Subida de precios. **Económicos.**
   b. Diseño del Plan de turismo sostenible. **Ambientales.**
   c. Actividades interculturales. **Socioculturales.**
   d. Concurso Ruta de la tapa. **Socioculturales.**
   e. Ecotasa. **Económicos y ambientales.**

3. **¿Qué es la capacidad de carga?**

   La cantidad máxima de personas que pueden visitar un determinado lugar turístico al mismo tiempo, sin causar daños en el medio físico, económico o sociocultural y sin reducir de manera inaceptable la calidad de la experiencia de los visitantes.

4. **De las siguientes afirmaciones, indique cuál es verdadera o falsa.**

   a. España cuenta con 15 Parques Nacionales.

   ☐ Verdadero
   ☑ **Falso**

   b. El concepto de desarrollo sostenible aparece por primera vez en el Informe Brundtland.

   ☑ **Verdadero**
   ☐ Falso

c. El análisis DAFO es una herramienta para conocer las ventajas e inconvenientes de un proyecto turístico.

☑ **Verdadero**
☐ Falso

5. Defina los siguientes conceptos.

a. **Patrimonio Natural.** El conjunto de bienes y recursos de la naturaleza fuente de diversidad biológica y geológica, que tienen un valor relevante medioambiental, paisajístico, científico o cultural.

b. **Evaluación de impacto ambiental.** El conjunto de estudios y análisis técnicos que permiten estimar los efectos que la ejecución de un determinado proyecto puede causar sobre el medioambiente.

c. **Sistema de gestión ambiental.** Un instrumento de carácter voluntario dirigido a empresas u organizaciones con el propósito de proteger el entorno y actuar sobre el impacto ambiental que pudieran generar las actividades desarrolladas por las empresas.

d. **Política de empresa.** Un documento de carácter público, que, en la carilla de un folio, debe incluir información acerca de las actividades y objetivos de la empresa.

6. Enumere los pasos necesarios para la implantación de un sistema de gestión.

1. Política de empresa.
2. Planificación.
3. Implementación y operación.
4. Verificación.
5. Revisión por la dirección.
6. Mejora continua.

7. Elija la opción correcta.

La Rueda de Deming se basa en las siguientes etapas...

a. **... planificar, hacer, verificar y actuar.**
b. ... planificar, actuar, verificar, corregir.
c. ... planificar, hacer y verificar.

La Red Natura está compuesta por...

d. ... **Zonas de especial protección para aves y Lugares de importancia comunitaria.**

e. ... Reservas de la Biosfera y Lugares de importancia comunitaria.

f. ... Monumentos naturales, Paisajes protegidos y Áreas marinas protegidas.

En función de la gestión de flujos turísticos, la capacidad de carga puede ser:

a. Física, social y económica.

b. Física, social y psicológica.

c. **Física, social, económica y psicológica.**

8. **De las siguientes acciones, indique qué impactos mitigarían los daños al medioambiente.**

a. Aprovechar la luz natural. **Consumo de energía.**

a. Apagar por completo la televisión. **Consumo de energía.**

a. Utilizar autobuses urbanos. **Emisiones a la atmósfera.**

a. Reciclar residuos. **Tratamiento de residuos.**

9. **¿Cuál es la diferencia entre EMAS e ISO 14001?**

EMAS: norma europea cuyo objetivo es promover mejoras continuas del comportamiento medioambiental de todas las organizaciones europeas y la difusión de la información pertinente al público y otras partes interesadas.

ISO 14001: norma internacional que marca las directrices para controlar y mejorar el rendimiento medioambiental de una organización.

10. **Complete las siguientes oraciones.**

a. El desarrollo sostenible es aquel **desarrollo** que satisface las **necesidades** de las generaciones **presentes** sin comprometer la **capacidad** de las **generaciones** futuras para satisfacer sus **propias** necesidades.

b. Un Parque Nacional es un **espacio** natural de alto valor **natural** y **cultural,** poco alterado por la **actividad** humana que, por sus **valores** naturales de carácter excepcional, su **representatividad,** la singularidad de su flora, fauna o formaciones **geomorfológicas,** merece una especial atención y es declarado de **interés general** para la Nación por su representatividad del **patrimonio natural.**

Solucionario 5
Promoción y comercialización de productos y servicios turísticos locales

Solucionario Capítulo 1

1. **¿Cuáles son las diferencias que hay entre el *marketing* de productos y el *marketing* de servicios?**

   ▌ Intangibilidad:

   Los servicios son esencialmente intangibles y su compra supone la adquisición de algo inmaterial. Con frecuencia no es posible gustar, sentir, ver, oír u oler los servicios antes de comprarlos. La intangibilidad es la característica definitiva que distingue productos de servicios y significa tanto algo palpable como algo mental. Estos dos aspectos explican algunas de las características que separan el *marketing* del producto del de servicios.

   ▌ Heterogeneidad:

   Es difícil lograr la estandarización de producción en los servicios, ya que cada unidad es diferente al resto, puesto que es usado y prestado por personas distintas. Para los clientes es difícil emitir un juicio de la calidad antes de la compra, puesto que las percepciones varían según las personas.

   ▌ Caducidad:

   Los servicios son susceptibles de perecer y no se pueden almacenar. Sin embargo, los productos pueden almacenarse y tienen más flexibilidad para hacer frente a aumentos en la cantidad de demanda.

   ▌ Propiedad:

   La compra de los servicios sólo da el derecho de ser usados mientras que la compra de productos da el derecho de posesión indefinida.

   ▌ Inseparabilidad:

   A menudo los servicios no pueden ser separados del vendedor, es decir, la creación o realización del servicio puede ocurrir al mismo tiempo que su consumo. Los bienes se producen, luego se venden y consumen mientras que, los servicios primero se venden y luego se producen y consumen a la vez.

I Devolución:

Los productos pueden ser devueltos si no satisfacen las necesidades del cliente. Sin embargo, los servicios, una vez usados, no se pueden devolver, como mucho se puede solicitar la devolución del importe pagado por ellos.

2. ¿Qué significa la matriz DAFO?

El DAFO es una herramienta simple y generalizada que facilita la toma de decisiones estratégicas, ofreciendo factores propicios para alcanzar el éxito y qué perfil empresarial se debe seguir para seleccionar la estrategia de *marketing* más idónea para lograr los objetivos y metas propuestas.

3. Defina las siguientes siglas y conceptos:

I ICTE: Instituto para la Calidad Turística Española.
I ENAC: Empresa Nacional de Acreditación.
I *Marketing* vivencial: conjunto de políticas y estrategias más recientes e innovadoras, centradas en la búsqueda de una nueva fuente de ventaja competitiva basada en la implicación emocional de los clientes y en la creación de experiencias ligadas al producto o servicio.

4. ¿En qué consiste la segmentación de mercados? Cite los criterios de segmentación de mercados más utilizados.

La segmentación consiste en dividir un mercado en subgrupos homogéneos de clientes con el objetivo de llevar a cabo una estrategia comercial diferente para cada uno de ellos, que permita satisfacer sus necesidades y alcanzar los objetivos fijados por la empresa.

Los criterios:

I Identificables y medibles.
I Accesibles.
I Sustanciales (suficientemente amplios para ser rentables).
I Realmente diferentes.
I Posibles de desarrollar.

5. Respecto a la organización de eventos, ¿en qué consiste? ¿Cuáles son las formas de organización que hay?

La organización de eventos consiste en ofrecer a una persona, empresa o institución una serie de servicios globales para la realización de una reunión de carácter social o corporativo

Hay diferentes formas de organización de eventos según el tipo de reunión:

- Informales: bodas, bautizos, comuniones, cumpleaños y aniversarios.
- Formales: las reuniones empresariales, eventos promocionales, exposiciones, galas, fiestas corporativas, inauguraciones, lanzamientos de nuevos productos y celebraciones.

6. ¿Qué es un plan de *marketing*? ¿Cuáles son sus fases?

El Plan de *marketing* es un documento de trabajo donde se pueden definir los escenarios en que se va a desarrollar un negocio y los objetivos, dejando poco margen para el error y la falta de previsión.

Las etapas del plan de *marketing* son:

1. Análisis de la situación.
2. DAFO.
3. Objetivos.
4. Estrategias.
5. Planes de acción.
6. Presupuesto.
7. Control del plan.

7. De las siguientes frases, indique cuál es verdadera o falsa.

a. En cuanto al marketing *mix*.

- La comunicación está formada por los agentes cuyo objetivo es facilitar el intercambio entre los proveedores de servicios turísticos y el turista.

☐ Verdadera
☑ **Falsa**

▌ Existen tres métodos para el cálculo de precios en función de: la demanda, la competencia y el mercado.

☐ Verdadera
☑ **Falsa**

▌ El *marketing* directo es un sistema de comercialización que utiliza uno o más medios de comunicación y distribución directa.

☑ **Verdadera**
☐ Falsa

▌ Las fases del ciclo de vida de un producto son: introducción, crecimiento, madurez y declinación.

☑ **Verdadera**
☐ Falsa

b. En cuanto a los instrumentos de comunicación:

▌ Los *work-shops* son instrumentos de promoción de productos, destinos y servicios turísticos por un espacio corto de duración y en un lugar determinado, destinado a profesionales, intermediarios y usuarios.

☐ Verdadera
☑ **Falsa**

▌ Los congresos son reuniones periódicas que congregan a miembros de una determinada actividad, donde se debaten cuestiones previamente asignadas.

☐ Verdadera
☑ **Falsa**

▌ Los simposios son encuentros de profesionales donde hay una participación activa con los asistentes.

☐ Verdadera
☑ **Falsa**

■ Los seminarios son encuentros entre profesores y discípulos para tratar de un tema determinado.

☑ **Verdadera**
□ Falsa

8. **Relacione las fases de creación de un producto/servicio turístico en función de sus componentes.**

   a. Prestación.
   b. Estructuración.
   c. Conceptualización.
   d. Comercialización.

   d. Precio.
   a. DAFO.
   c. Público objetivo.
   b. Servucción.
   a. Calidad.
   d. Comunicación.
   a. *Marketing* interno.
   b. Oferta de servicios.
   d. Intermediación.

9. **El Real Decreto 306/2019 por el que se modifica el Reglamento para la ejecución de la Ley 17/2001, de 7 de diciembre, de Marcas, aprobado por Real Decreto 687/2002, de 12 de julio, ¿qué nuevos tipos de representación de los signos distintivos posibilita?**

   El Real Decreto posibilita la representación de los signos mediante archivos de sonido y audio, **para marcas sonoras,** y, mediante archivos de video, las marcas de **movimiento, holograma o multimedia.**

10. **La Ley 34/1998, de 11 de noviembre, General de publicidad, ¿qué concepto define como toda forma de comunicación realizada por una persona física o jurídica, pú-blica o privada en el ejercicio de una actividad comercial, industrial, artesanal o profesional, con el fin de promover de forma directa o indirecta la contratación de bienes muebles o inmuebles, servicios, derechos y obligaciones?**

    Publicidad.

Solucionario Capítulo 2

1. ¿Cuál es el tipo de estrategia que utilizan las empresas para llegar a un público determinado especializándose en un segmento?

  a. Estrategia indiferenciada.
  b. Estrategia concentrada.
  c. Estrategia diferenciada.
  d. Estrategia diluida.

2. **Clasifique los siguientes canales de distribución.**

  a. Internet. Canal de distribución directo.
  b. Agencia de viajes minorista. Canal de distribución indirecto.
  c. *Broker.* Canal de distribución indirecto.
  d. Establecimiento. Canal de distribución directo.
  e. *Vending.* Canal de distribución directo.

3. **Defina los siguientes conceptos:**

  a. *Broker:* hacen de intermediarios entre oferta y demanda comprando plazas y revendiéndolas o cobrando comisiones.
  b. *Vending:* son los expendedores automáticos.
  c. Patrocinio: financiación a actividades y eventos, con el fin de conseguir aspectos positivos sobre la imagen y/o estimular la demanda entre públicos objetivos seleccionados.

4. **¿Qué es el *mix* promocional?**

El *mix* promocional consiste en la combinación específica de publicidad, relaciones públicas, venta personal y promociones de ventas.

5. **De las siguientes afirmaciones, indique cuáles son verdaderas y cuáles falsas.**

  a. El método del objetivo y la tarea determina el presupuesto de promoción en el nivel que cree que se puede permitir la compañía.

    ☐ Verdadera
    ☑ **Falsa**

b. La radio es una herramienta de publicidad que permite segmentar mercados, llegar a públicos geográficamente dispersos y cuyo coste es elevado.

    ☐ Verdadera
    ☑ **Falsa**

c. A través del Canal 2 el producto le llega al cliente a través de un intermediario que puede ser la agencia de viajes minorista o las centrales de reservas independientes.

    ☑ **Verdadera**
    ☐ Falsa

6. Relacione cada instrumento de comunicación con la acción a la que pertenece:

a. Publicidad.
b. Promociones de ventas.
c. Relaciones públicas.
d. Venta persona.

a. Televisión.
b. Muestras.
d. Venta de mostrador.
c. Fam trips.
c. Patrocinador.
a. Folletos y catálogos.

Solucionario Capítulo 3

1. **¿Cuál es la diferencia entre la fabricación de un producto tangible y un producto intangible?**

La diferencia entre la fabricación de un producto tangible y la fabricación de un servicio están en el hecho de que el cliente forma parte del sistema de servucción, ya que es uno de los protagonista, siendo a la vez productor y consumidor.

2. **Indique si las siguientes afirmaciones son verdaderas o falsas.**

    a. En los sistemas de Tipo 3 están presentes tres elementos.

        ☐ Verdadera
        ☑ **Falsa**

    b. La calidad turística es el conjunto de características que se introducen en un producto/servicio para que tenga la capacidad de satisfacer las necesidades de los clientes.

        ☑ **Verdadera**
        ☐ Falsa

    c. La estacionalidad origina sobrecarga en el sistema de servucción en temporada alta y estará infracapacitado en temporada baja.

        ☐ Verdadera
        ☑ **Falsa**

3. **Relacione los elementos del sistema de servucción en el servicio de información turística.**

    a. Folletos.
    b. Informador turístico.
    c. Turista.
    d. Otros turistas.
    e. Departamento de contabilidad.
    f. Información turística.

f. Servicio.
c. Cliente.
d. Demás clientes.
e. Sistema de organización interna.
b. Personal de contacto.
a. Soporte físico.

4. ¿Cuáles son los campos de acción para crear nuevos productos locales?

1. Concepto de nuevo servicio.
2. Segmentación de mercado.
3. Estructura y desarrollo del sistema de servucción. Test de productos.
4. Sistema de oferta.
5. Imagen.
6. Innovación.
7. Calidad.

5. De las siguientes afirmaciones, seleccione cuál es la respuesta correcta.

1. El personal de contacto debe tener en cuenta...

   a. **... la vestimenta y la gesticulación.**
   b. ... la gesticulación y la competencia.
   c. ... la competencia y la vestimenta.

2. Las normas de calidad incluyen dos tipos de requisitos:

   a. La prestación y la segmentación.
   b. **Los procesos y la prestación.**
   c. La segmentación y los procesos.

3. La participación del cliente en la servucción...

   a. **... reduce el gasto de personal de la empresa.**
   b. ... reduce el gasto de material de la empresa.
   c. ... reduce el tiempo de espera del cliente.

4. Elementos básicos del sistema de servucción son:

   a. El cliente y el servicio.
   b. **El personal de contacto y el cliente.**
   c. El servicio y el personal de contacto.

6. **Escriba el concepto al que corresponden las siguientes definiciones**

   a. El resultado del desempeño conjunto del cliente, el soporte físico y el personal de contacto es **servucción.**
   b. La capacidad de dar respuesta a las expectativas de los clientes es **calidad.**
   c. El elemento del sistema no visible para el cliente, la forma de organización de la empresa es el **sistema de organización interna.**

7. **¿En qué se basa la justificación e importancia del uso del sistema de servucción?**

   En los siguientes parámetros:

   ▪ El incremento de la demanda de formación en el campo de los servicios:

      ▪ El modelo industrial contra el modelo enfocado en el mercado.
      ▪ Crecimiento del empleo en el sector servicios.
      ▪ Contribución del sector servicios a la economía mundial.

   ▪ Los porcentajes de distribución de empleo en España por sectores.

8. **¿Qué son las Normas de calidad de servicio?**

   Son los documentos mediante los cuales se establecen requisitos para los distintos servicios ofrecidos por entidades públicas o privadas, cuyo cumplimiento es una condición para la certificación mediante la Marca de Calidad Turística Española.

9. **Defina los siguientes conceptos:**

   a. TQM: *Total Quality Management* o calidad total.
   b. Ergonomía: estudio de datos biológicos y tecnológicos aplicados a problemas de mutua adaptación entre el hombre y la máquina.

10. **¿Por qué la innovación es uno de los campos de acción de cara al desarrollo de productos turísticos locales y de nuevos servicios? Razone su respuesta.**

    Porque la innovación aplicada al sector turístico es imprescindible como herramienta para potenciar la competitividad de los servicios, destinos y productos turísticos. Las nuevas tecnologías aplicadas en materia de distribución, comercialización, información, reservas, etc. son fundamentales para mantenerse en un mercado cada día más globalizado y afrontar los nuevos retos que depara el futuro.

 Solucionario Capítulo 4

1. **¿Qué es el comercio electrónico?**

El comercio electrónico consiste en la compra, venta e intercambio de productos y/o servicios a través de un dispositivo con acceso a internet donde las transacciones son realizadas o facilitadas electrónicamente.

2. **Indique si las siguientes afirmaciones son verdaderas o falsas:**

   a. La primera web en crearse fue la Web 1.0, que permitía realizar reservas y compras online.

      ☐ Verdadera
      ☑ **Falsa**

   b. Un buscador es una forma sencilla de identificar un nombre en internet de manera única.

      ☐ Verdadera
      ☑ **Falsa**

   c. El Comercio electrónico B2C *(Business to Consumers)* consiste en la venta de productos finales al consumidor.
      ☑ **Verdadera**
      ☐ Falsa

3. **Defina los siguientes conceptos:**

Indexar. Registrar ordenadamente datos e informaciones, para elaborar su índice.

OTA. *Online Travel Agencies* (Agencias de Viajes Virtuales).

B2E. Es el comercio electrónico cuyos clientes finales son los propios empleados de la empresa, que ofrece sus propios productos o servicios a estos con ventajas comerciales justificadas en su relación laboral.

Tienda virtual. Son webs cuya función es la venta y distribución de productos.

Blog. Los blogs son sitios estructurados originalmente como diarios personales basados en enlaces, noticias y opiniones que se actualizan de modo regular y que son escritos como un estilo informal y subjetivo.

4. **Relacione los distintos dominios genéricos con la información que conllevan:**

    a. .com
    b. .museum
    c. .gov
    d. .net
    e. .org
    f. .edu
    g. .int
    h. .aero

    h. Industria aeronáutica.
    f. Instituciones de educación.
    a. Empresas comerciales.
    c. Agencias de gobierno.
    b. Museos.
    g. Organizaciones internacionales.
    d. Proveedores de redes.
    e. Organizaciones, fundaciones.

5. **Cite las funciones de las páginas webs o portales turísticos.**

Informar, comercializar, promocionar, reservar, reducir costes, acercar los productos a los consumidores, estar disponible y comparar precios.

6. **Indique si las siguientes afirmaciones son verdaderas o falsas:**

    a. Existen dos clases de dominios: genéricos y nacionales.

        ☐ Verdadera
        ☑ **Falsa**

    b. La estrategia SEM es la gestión eficaz de enlaces patrocinados en los motores de búsqueda.

        ☑ **Verdadera**
        ☐ Falsa

    c. El alojamiento dedicado el servidor que se utiliza es de propiedad.

        ☐ Verdadera
        ☑ **Falsa**

7. ¿Qué es un dominio?

Un dominio es una forma sencilla de identificar un nombre en internet de manera única, es decir, es una forma de asignar un nombre a un sitio web para que el usuario sepa donde encontrarla. Los dominios tienen un nombre y una terminación que indica su actividad o procedencia territorial.

8. Escriba el concepto al que corresponden las siguientes definiciones

Los buscadores organizados por categorías o temas y subcategorías en función de su contenido son **índices de búsqueda.**

Los sistemas de búsqueda por palabras clave son **motores de búsqueda.**

La optimización para motores de búsqueda es **la estrategia SEO.**

9. ¿Qué ventajas proporciona el comercio electrónico?

Comodidad, ahorro económico y de tiempo, globalización, disponibilidad y disminución de costes.

10. ¿Qué es una web o portal turístico? Cite los distintos tipos de webs turísticas que hay.

Una web turística o portal turístico es un sitio donde confluye una gran cantidad de información, enlaces y servicios, pudiendo satisfacer las necesidades de cualquier internauta interesado en el sector turístico.

Tipos de webs turísticas:

- Web de transporte turístico.
- Web de alojamiento turístico.
- Web de restauración.
- Web de información turística.
- Web de organización de eventos.
- Web formativas en materia de turismo.
- Web de intermediación turística: OTA y CRS.

Procesos de gestión de unidades de información y distribución turísticas

Solucionario Capítulo 1

1. ¿Qué es la planificación empresarial?

   a. Pequeños procesos de control que se desarrollan a lo largo de un plan.
   b. Proceso de organización realizado para llevar un orden metódico en la empresa.
   c. **Una de las etapas del proceso administrativo que nos acerca a un futuro deseado.**
   d. Todas las opciones son correctas.

2. Indique si la siguiente afirmación es verdadera o falsa.

   "Los objetivos de una empresa son los principios que orientan las decisiones de la organización condicionando al personal en la toma de esas decisiones".

   ☐ Verdadero
   ☑ **Falso**

3. Indique si esta afirmación es verdadera o falsa.

   "El plan empresarial es un documento estratégico que contiene información de un negocio o una idea de negocio, además de otros planes: *marketing,* financiero, económico-administrativo, etc".

   ☑ **Verdadero**
   ☐ Falso

4. Los pasos lógicos en el proceso de planificación serían...

   a. ... definir objetivos, acciones, políticas y elaborar un presupuesto.
   b. ... definir objetivos, acciones, políticas y llevar un control.
   c. **... definir objetivos, acciones y políticas, además de elaborar un presupuesto y llevar un control.**
   d. ... delimitar objetivos y acciones, además de elaborar un presupuesto y llevar un control.

5. ¿Qué es la revisión periódica y a qué ayuda?

La revisión periódica es el repaso e inspección de los procesos y las acciones que se están llevando a cabo, para comprobar que se han alcanzando los resultados propuestos con los objetivos. Una revisión ayuda también a encontrar fallos y problemas permitiendo corregir y reparar las desviaciones.

Solucionario Capítulo 2

1. ¿Cuál de las siguientes etapas no forma parte del proceso de gestión presupuestaria?

    a. Previsión.
    b. Control.
    c. Planificación.
    d. Presupuesto.

2. El presupuesto es...

    a. ... un informe detallado de los activos que la empresa posee en un momento determinado.
    b. ... un informe detallado de todas las deudas de la empresa.
    c. ... un informe donde se contemplan en unidades monetarias los objetivos, las acciones, las estrategias y las políticas de un plan futuro.
    d. ... un informe donde se contemplan las unidades monetarias que posee la empresa.

3. El control presupuestario es...

    a. ... el proceso por el que la dirección controla a los empleados.
    b. ... el proceso por el que se distribuye el salario a los empleados.
    c. ... el proceso por el que se revisan, analizan y evalúan los resultados reales en comparación con los presupuestados, para buscar posibles desviaciones.
    d. ... el proceso por el se analiza un determinado plan de una empresa de la competencia para conocer las desviaciones de la competencia y no cometer los mismos errores.

4. Indique si la siguiente afirmación es verdadera o falsa.

"El ciclo presupuestario está compuesto por un conjunto de fases (presupuestos) limitadas cada una de ella por un periodo tiempo y que siguen un orden lógico".

    ☑ **Verdadero**
    ☐ Falso

5. Indique si la siguiente afirmación es verdadera o falsa.

"El presupuesto puede ser utilizado por los comercios para detallar el coste de un servicio o producto a un cliente, garantizando el cumplimiento de ese precio".

☑ **Verdadero**
☐ Falso

Solucionario Capítulo 3

1. **¿Cuál es la diferencia fundamental entre el *factoring* y el *conforming?***

   a. El *factoring* es un crédito y el *conforming* un préstamo.
   b. **El *factoring* opera en el mercado de los bienes de consumo y el *conforming* en el mercado de los bienes de equipo.**
   c. Ambos actúan en el mercado de bienes de consumo y bienes de equipo.
   d. No existe ninguna diferencia fundamental.

2. **Indique si la siguiente afirmación es verdadera o falsa.**

   "Los recursos propios son aquellos que provienen del exterior de la empresa y deben ser devueltos en un periodo de tiempo determinado".

   ☐ Verdadero
   ☒ **Falso**

3. **Indique si la siguiente afirmación es verdadera o falsa.**

   "Las empresas realizan inversiones con el objeto de aumentar los beneficios a través de una mejora en algunos de los aspectos de la organización (inmovilizado, instalaciones, etc.)".

   ☒ **Verdadero**
   ☐ Falso

4. **Las aplicaciones informáticas...**

   a. ... son aplicaciones que poseen los ordenadores para que funcionen mejor.
   b. ... solo existen tres aplicaciones: hojas de cálculo, bases de datos y procesadores de texto.
   c. **... son herramientas que permiten realizar trabajos complicados, automatizando tareas y ahorrando tiempo y dinero a las empresas.**
   d. ... son pequeños programas informáticos creados por las empresas para ser utilizados con un fin propio.

5. **Indique si la siguiente afirmación es verdadera o falsa.**

"Cuando el VAN es superior a 0 la inversión no es rentable económicamente".

☐ Verdadero
☑ **Falso**

Solucionario Capítulo 4

1. **La cuenta de resultados tiene la finalidad de...**

    a. **... calcular el resultado obtenido por las empresas en el ejercicio económico de un año.**

    b. ... llevar a cabo un proceso de organización de los datos económicos y financieros de la empresa en un periodo de tiempo determinado.

    c. ... contar todos los movimientos de ventas que se producen en la empresa en el ejercicio económico de un año.

    d. ... administrar los datos y la información de la empresa con el objetivo de presentarlos cuando una inspección lo requiera.

2. **Indique si la siguiente afirmación es verdadera o falsa.**

"Los costes directos son aquellos costes que se pueden vincular claramente con un producto o servicio".

    ☑ **Verdadero**
    ☐ Falso

3. **El control de costes en las empresas es importante porque...**

    a. ... así lo exige la propia empresa, ya que necesitan tener estos datos por si la administración realiza una auditoría.

    b. **... así se puede apreciar si se han producido desviaciones entre los costes presupuestados y los costes reales, para aplicar correcciones si fuese necesario.**

    c. ... así se puede conocer lo que le cuesta a las empresas producir en relación a otras empresas del mismo sector.

    d. Todas las opciones son correctas.

4. **Rellene los siguientes huecos.**

El punto muerto, también llamado **umbral de rentabilidad,** será ese punto en el que los **ingresos** son iguales a los **costes,** en esta situación no se obtiene ni **pérdidas** ni **beneficios.**

5. ¿Qué es el margen de beneficio?

El margen de beneficio es la diferencia entre el precio de venta (sin IVA) y el coste de producción de un bien o servicio.

Solucionario Capítulo 5

1. **¿Qué función realizan las agencias de viajes mayoristas?**

   Las agencias de viajes mayoristas son aquellas que producen, crean y organizan servicios y paquetes turísticos, los cuales se encargan de vender las agencias minoristas.

2. **Las oficinas de información turística son...**

   a. **... centros de información para los viajeros.**
   b. ... centros de alojamiento para los viajeros.
   c. ... empresas que venden servicios turísticos.
   d. Todas las opciones son incorrectas.

3. **Indique si la siguiente afirmación es verdadera o falsa.**

   "El área de producción se encarga de desarrollar todas las actividades necesarias para diseñar viajes combinados o paquetes turísticos".

   ☑ **Verdadero**
   ☐ Falso

4. **Rellene los huecos del siguiente párrafo.**

   Los **objetivos** departamentales se subordinan a los objetivos **generales** y normalmente se establecen a **corto** y a **medio plazo**.

5. **¿Qué es un circuito turístico?**

   a. Es un recorrido realizado por algún lugar turístico y en que debe intervenir un guía particular.
   b. Es un viaje combinado compuesto de dos o más servicios turísticos y cuya prestación sobrepase las 24 horas o incluya una noche de estancia.
   c. **Se trata de un viaje combinado, realizado por un grupo de personas y contratado a través de una agencia de viajes minorista, en el que se incluye obligatoriamente el alojamiento, transporte y guía turístico.**
   d. Un lugar habilitado para que los turistas puedan realizar un ligero recorrido, estos lugares están contemplados en la ley de viajes combinados.

Solucionario Capítulo 6

1. **Rellene los huecos del siguiente párrafo.**

La integración de personal es la función administrativa que dota de **personal** a la organización, realizando una **selección** de personas que serán los trabajadores que desempeñen las tareas de los diferentes **puestos.**

2. **Indique cuál de las siguientes afirmaciones no es una función que debe desarrollarse para cumplir los objetivos de la administración de recursos humanos y, por consiguiente, de la organización:**

   a. Concreción de las necesidades cuantitativas y cualitativas de personal.
   b. Formación del personal.
   c. **Integración de los clientes en las tareas de la empresa.**
   d. Cuidado y satisfacción de los recursos humanos: retribuciones, prestaciones, sanidad, seguridad e higiene, etc.

3. **Indique si la siguiente afirmación es verdadera o falsa.**

"La formación continua es aquel tipo de formación que proporciona a las personas la base necesaria para el desarrollo de ciertas habilidades, capacidades y destrezas".

   ☐ Verdadero
   ☑ **Falso**

4. **¿Cuáles son las sensaciones de motivación que se deben generar en los miembros de la empresa para que se produzca un alto grado de excelencia en el trabajo?**

   a. Mejora progresiva, control del trabajo y control de uno mismo.
   b. Mejora continua, control de uno mismo y logro.
   c. Mejora progresiva y control del trabajo.
   d. **Mejora progresiva, control del trabajo y logro.**

5. **¿Cuál es la diferencia existente entre el método de evaluación de desempeño de los estándares absolutos y el método de los estándares relativos?**

El método de evaluación de los estándares absolutos evalúa al empleado según un criterio rígido y no en relación con el rendimiento de otros. Sin embargo, el método de estándares relativos compara los logros de unos empleados con los de los otros.

Solucionario Capítulo 7

1. La comunicación cruzada en diagonal es aquella que...

    a. ... se produce de un nivel superior a uno inferior de la empresa.
    b. ... se produce de un nivel inferior a uno superior de la empresa.
    c. ... se produce entre empleados de diferente nivel y sin relaciones directas de dependencia entre sí.
    d. ... se produce entre empleados del mismo nivel.

2. Indique si la siguiente afirmación es verdadera o falsa.

"El MAPAN es una especie de mapa que desarrollan los negociadores profesionales y expertos para realizar una negociación efectiva en la que siempre se pacte lo que ellos desean".

    ☐ Verdadero
    ☑ **Falso**

3. ¿Qué es un *brainstorming*?

El *brainstorming* o tormenta de ideas es una herramienta de trabajo usada en grupos (dinámica de grupos) que ayuda a facilitar la aparición de nuevas ideas sobre algún tema o problema. Es una herramienta muy eficaz para introducir temas ya que los interlocutores realizan una lluvia de ideas de lo que saben para tener un concepto aproximado del tema o problema que se va a tratar.

4. Rellene el hueco del siguiente párrafo con una de las cuatro opciones que se le dan.

La **dirección centralizada** es una forma de dirección en la que no se delega en los empleados, la persona que toma las decisiones es siempre la misma y normalmente suele coincidir con en los cargos de director o jefe.

    a. Dirección descentralizada.
    b. Dirección centralizada.
    c. Dirección autocrática.
    d. Dirección liberal.

5. **La teoría que apoya que los seres humanos se motivan por unas necesidades internas insatisfechas que marcan el comportamiento es...**

    a. ... la teoría de Maslow y la teoría de Herzberg.
    b. ... la teoría de Herzberg.
    c. ... la teoría de la motivación.
    d. ... la teoría de Maslow.

Solucionario Capítulo 8

1. **Los Sistemas Globales de Reserva, también conocidos como** *Global Distribution System,* **son:**

    a. Sistemas que permiten que los servicios se distribuyan solos, sin necesidad de contratar a un agente de viajes.
    b. Sistemas de reserva que utilizan los clientes desde casa.
    c. **Sistemas que permiten la conexión en tiempo real con los proveedores de servicios turísticos proporcionando información actualizada constantemente.**
    d. Sistemas ágiles y modernos que funcionan en tiempo real y que permiten a las agencias de viajes estar al día de toda la información mundial relacionada con la actividad turística.

2. **Los principales GDS que están operando en la actualidad son:**

    a. Amadeus, Galileo, Worldspan y Sabia.
    b. Amadeus, Galileo y Worldspan.
    c. Amadeus, Galileo y Sabre.
    d. **Amadeus, Galileo, Sabre y Worldspan.**

3. **Indique si la siguiente afirmación es verdadera o falsa.**

    "Los programas estándar que ofrece el mercado son los que se diseñan de forma específica para un cliente, una empresa o una administración, siempre en función de la forma de trabajar de la organización".

    □ Verdadero
    ☑ **Falso**

4. **Rellene los huecos del siguiente párrafo.**

    Las empresas pueden conseguir los programas a medida a través de dos formas: contratando a una **empresa externa** que elabore el programa o disponiendo de su propio equipo de **informáticos** y de **ingenieros** que desarrollen el programa.

5. *Orbis* **es una aplicación...**

a. ... **de gestión comercial para agencias de viajes compatible con los GDS Sabre, Amadeus, Galileo y Worldspan que permite capturar la información de las reservas automáticamente.**

b. ... de gestión comercial para hoteles compatible con los GDS Sabre, Amadeus, Galileo y Worldspan que permite capturar la información de las reservas automáticamente.

c. ... de gestión comercial para todas las empresas del sector turístico compatible con los GDS Sabre, Amadeus, Galileo y Worldspan que permite capturar la información de las reservas automáticamente.

d. ... de gestión comercial para todos los usuarios del sector turístico compatible con los GDS Sabre, Amadeus, Galileo y Worldspan que permite capturar la información de las reservas automáticamente.

Procesos de gestión de calidad en hostelería y turismo

 Solucionario Capítulo 1

1. **¿El aseguramiento de la calidad genera actividades de prevención de la calidad mediante la definición previa y normalización de los servicios que se producen?**

    a. Cuando la satisfacción del cliente sea superior al 25 %.
    b. Sí.
    c. No.
    d. A veces.

2. **Indique si la siguiente afirmación es verdadera o falsa.**

    El cliente es el único juez de la calidad del servicio, sus opiniones son las que más importan.

    ☑ **Verdadero**
    ☐ Falso

3. **Como bienes de consumo, los servicios de hostelería son:**

    a. Tangibles.
    b. Almacenables.
    c. Ni tangibles, ni almacenables.
    d. Tangibles y almacenables.

4. **La calidad es tarea...**

    a. ... de todos, desde el dueño de la empresa hasta el último de los empleados.
    b. ... solo de los clientes.
    c. ... de los dueños de la empresa y de los directores.
    d. ... solo de los dueños de la empresa.

5. **La excelencia en el servicio significa:**

    a. Satisfacer a los clientes por encima de todo, aún a costa del sacrificio y explotación de los trabajadores.
    b. Satisfacer a los trabajadores.
    c. Satisfacer a los proveedores y dueños a largo plazo.
    d. Satisfacer a clientes, propietarios, proveedores y trabajadores.

6. **Indique si la siguiente afirmación es verdadera o falsa.**

Los costes de la calidad se denominan también costes de conformidad.

    ☑ **Verdadero**
    ☐ Falso

7. **Los aspectos clave de una implantación de sistema de calidad son:**

    a. El procedimiento de calidad.
    b. El manual de procedimiento y calidad.
    c. El manual de procedimientos y el manual de calidad.
    d. El manual de cantidad.

8. **Indique si la siguiente afirmación es verdadera o falsa.**

La no calidad es absurda y no existe.

    ☐ Verdadero
    ☑ **Falso**

9. **El modelo de excelencia EFQM maneja nueve criterios para su implantación:**

    a. Cuatro son agentes facilitadores y cinco son agentes de dificultad.
    b. Cinco son agentes de dificultad y cuatro son agentes facilitadores.
    c. Cuatro son agentes de dificultad y cinco son agentes facilitadores.
    d. Cinco son agentes facilitadores y cuatro son agentes de resultados.

10. La función de certificar o acreditar a las empresas certificadoras en España es realizada por...

    a. AENOR.
    b. ENAC.
    c. ISO.
    d. CONESTUR.

Solucionario Capítulo 2

1. Un sistema de gestión de la calidad se compone de...

   a. ... procedimientos y recursos.
   b. ... procedimientos, procesos y recursos.
   c. ... recursos y procesos.
   d. ... procedimientos, procesos y sistemas.

2. En el desempeño de la labor de coordinación, la Dirección de una empresa turístico-hostelera es importante que desarrolle procedimientos de...

   a. ... formación y concienciación de los trabajadores.
   b. ... formación y concienciación de los clientes.
   c. ... formación y concienciación de los jefes de departamento.
   d. ... comunicación personal entre los trabajadores.

3. A la hora de evaluar el grado de calidad que se ha alcanzado en un servicio lo más importante es que el nivel de calidad realizada coincida exactamente con el de calidad programada.

   a. No siempre.
   b. Casi siempre.
   c. No.
   d. Sí.

4. ¿Cuándo se habla de calidad total? Cuando la calidad percibida iguala a la calidad esperada.

   a. Cuando la calidad percibida iguala a la calidad esperada.
   b. Cuando la calidad percibida supera a la calidad esperada.
   c. Cuando la calidad percibida es menor que la calidad esperada.
   d. Cuando la calidad esperada supera a la calidad percibida.

5. Indique si la siguiente afirmación es verdadera o falsa:

La calidad positiva aparece cuando la calidad percibida supera a la calidad esperada.

☑ **Verdadero**
☐ Falso

6. ¿Qué compara el modelo SERVQUAL?

a. Calidad programada, realizada, desesperada y percibida.
b. Calidad programada, realizada, esperada y percibida.
c. Calidad programada, realizada, esperada y recibida.
d. Calidad garantizada, realizada, esperada y percibida.

7. Indique si la siguiente afirmación es verdadera o falsa:

Un proceso es una secuencia de actividades realizadas por el mismo empleado.

☐ Verdadero
☑ **Falso**

8. En los procesos se dan unos *output* que son:

a. La calidad total.
b. Las entradas.
c. Las personas, métodos, materiales y máquinas.
d. Los servicios (o bienes) terminados.

9. De los siguientes, ¿cuál no es un proceso de la actividad de hostelería?

a. Alojamiento.
b. Alimentación.
c. Restauración
d. Administración.

10. Indique si la siguiente afirmación es verdadera o falsa:

En los procesos se dan unas 'entradas' que son personas, métodos, materiales, máquinas.

☑ **Verdadero**
☐ Falso

Solucionario Capítulo 3

1. La comprobación de la calidad se refiere a...

    a. ... detectar en los procesos productivos desviaciones de la especificación de calidad.

    b. ... controlar las medidas correctas del producto final.

    c. ... la inspección que se hace al servicio después de prestarlo.

    d. ... identificar la no calidad en el producto terminado.

2. La medición de la satisfacción de los clientes se realiza...

    a. ... de vez en cuando, mediante entrevistas con los clientes al salir.

    b. ... nunca, lo único es estar seguro de que el producto es bueno.

    c. ... de manera continua y por diferentes métodos para disponer de información que permita mantener a todos los clientes satisfechos.

    d. ... sin molestar al cliente para nada, solamente se observa el gasto que ha realizado.

3. Indique si la siguiente frase es verdadera o falsa.

Las características de la calidad se manifiestan por unos valores, numéricos o cualitativos, que casi siempre varían de forma aleatoria.

    ☑ **Verdadero**
    ☐ Falso

4. Indique si la siguiente frase es verdadera o falsa.

Un comunicado es una información que un empleado envía a la dirección sobre asuntos generales.

    ☐ Verdadero
    ☑ **Falso**

5. **Indique si la siguiente frase es verdadera o falsa.**

Los métodos estadísticos manejan tanto variables con valores numéricos, como atributos con valores cualitativos.

☑ **Verdadero**
☐ Falso

6. **Ejemplos de cálculos de la estadística inferencial son:**

    a. Media aritmética.
    b. Media geométrica.
    c. Muestreo.
    d. Descripción aritmética.

7. **Entre los métodos estadísticos que aporta la estadística teórica a los estudios de calidad, no está:**

    a. El cálculo probabilístico.
    b. La moda.
    c. La estimación.
    d. El muestreo.

8. **En Estadística, una muestra es un conjunto de valores representativos de una población que, para que sea válida, tiene que atender a...**

    a. ... los criterios de selección del conjunto de valores.
    b. ... al tamaño de la muestra.
    c. ... las preferencias de la dirección.
    d. ... la estimación.

9. **Rellene los huecos en las siguientes frases:**

El muestreo puede ser probabilístico y **no probabilístico**. El probabilístico puede ser aleatorio simple, aleatorio **sistemático**, aleatorio estratificado y **aleatorio** por conglomerados. El **no probabilístico** puede ser por cuotas, **intencionado**, bola de nieve y **discrecional**.

10. **Indique si la siguiente frase es verdadera o falsa.**

La evaluación se vincula con los resultados y advierte de lo que va bien y de lo que no funciona.

     ☑ **Verdadero**
     ☐ Falso

Solucionario 8
Inglés profesional para turismo

Solucionario Bloque 1 Capítulo 1

1. **Match each type of accommodation with their corresponding definition.**

    a. Hotel
    3. An establishment that provides lodging, meals and services and facilities to its guests, such as private bathroom, TV, restaurants, etc.

    b. B&B
    5. A familiar residence that provides travellers accommodation for a night and a meal in the morning.

    c. Guest house
    6. A small private house that offers accommodation to paying guests.

    d. Campsite
    2. A place used for vacationers equipped with tents.

    e. Apartment
    4. An array of rooms used for people on holiday.

    f. Villa
    1. An immense country house owned by an aristocratic family.

2. **Describe in your own words the difference between service and facility.**

    Possible answer:

    When talking about a service offered, staff members are involved, for example, hotel reception service. On the contrary, when we talk about a facility, we talk about a thing that makes the stay easier and more pleasant for the client and no staff is involved.

3. **You are the receptionist of a hotel in Florence. It's Friday, and a British couple of clients ask you about where to go to have a romantic dinner, because they want to celebrate their anniversary. Which type of restaurant would you recommend them to go? Why?**

Possible answer:

Well, let me think... Oh yes! You could go to La Piazza. It's a quality restaurant located just a few steps from Piazza della Signoria. It has a wonderful little garden with a relaxing sound of water and it serves the most typical Italian dishes and the best wine. In addition, the owner of this restaurant sometimes sings opera! I think it's perfect for you. I could make a reservation for you, if you decided going...

4. **Which is the most important information that a car hiring professional must know from his/her client when booking a vehicle?**

    a. How long would you like to hire the car for?
    b. How many passengers will there be?
    c. Do you need a child seat?
    d. Are you interested in purchasing insurance in case of collision?
    e. What sort of driving licence do you have?
    f. How will you be paying?

5. **Write in your own words the functions of a tour operator.**

    a. Join several tourism services to produce a package.
    b. Decide how to combine them.
    c. Investigate new destinations.
    d. Negotiate with tourism companies to obtain huge quantities.
    e. Promotion and marketing of new touristic destinations.

Solucionario Bloque 1 Capítulo 2

1. Give a short definition of the following words.

- Enlightenment holiday: a type of holiday to de-stress and balance your spirit and soul.
- Brochure: a free magazine that gives information about products, holidays, etc. offered by a company.
- Leaflet: a sheet of paper advertising some information about a concrete product.
- Return ticket: a ticket bought to travel to a place and to back again.
- Pick-up point: place where people agreed to be collected to a coach.

2. Describe in your own words the stages followed by a travel agent in booking a holiday.

- An initial interaction with the client: offering information about possible destinations by using promotions, brochures, asking questions, etc. That is the initial enquiry form.
- Client profile or a computerized file with the client's personal information.
- Printing the booking authorization form out.
- Collecting payment for an initial deposit.
- Offering travel insurance and other possible services.
- Booking verification through the GDS.
- Checking printed tickets to ensure everything is correct.
- Client notification that tickets are ready and collecting them.
- A Welcome Home Letter, a questionnaire sent to the client on his/her arrival home.

3. Name the most important documents required for travelling.

- Passport.
- Visa.
- Identity card.
- Vouchers.
- Tickets.

4. List the most relevant tips in a telephone conversation when making a booking.

- Pick up the phone as soon as you can, on the contrary, it may give a deficient impression.
- Give the name of the organization or company and introduce yourself.
- Ask how you can help.
- Don't use a poor language and speak clearly. It is the only impression a caller will get from you.
- Be courteous and polite.
- Try to be decisive and assertive.
- Repeat details to make sure that everything is understood.

5. What are the main contents in a reconfirming e-mail?

- Attach the documents that reconfirm the reservation changes.
- Make reference to what have been said.
- Give contact number in case of error or possible questions.
- Thank customer for his election in choosing your agency.
- Sign the e-mail.

Solucionario Bloque 1 Capítulo 3

1. Write and explain briefly the different types of flight tickets.

I Manual ticket. It is an obsolete ticket and was filled out manually.

I Transitional automated ticket. It was the most sold. It consists of a maximum of four flight coupons, each for a stretch of a route, one of them will be taken by the check-in clerk at the time of the journey. The TAT is also composed of a passenger receipt coupon and a cover.

I Automated ticket boarding pass. This ticket is made of cards where information about the flight, seat assignment and passenger data will be found. The ATB is formed of two sections; on the one hand, the flight coupon and, on the other hand, the passenger coupon that will serve as the boarding pass. These coupons will be separated by a perforation. The ATB2 includes a magnetic stripe and it is more recent than the ATB.

I E-ticket. It is an electronic document. The customer only needs the ID card at the check-in point at the terminal, since a confirmation number has been assigned to the customer when he/she has booked his/her flight.

2. What is the main difference between a train ticket and a ferry ticket?

Train tickets are not nominal, so the passengers' details are not printed on the ticket.

3. Define the different types of vouchers.

I Service voucher. It is exchangeable for the services specified in it. It is advisable for travel agencies to stamp it before customers can use them.

I Full-credit voucher. It covers every service required by the client. The supplier must be aware that the client is using this type of voucher. This document must be particularly used with certain clients who can afford them.

I Confirmation voucher. It contains information about the service supplier and the amount of money that has to be paid by the customer to the service supplier through this document presentation on the day of arrival.

4. What is a travellers' cheque?

It consists of a pre-printed, predetermined amount cheque that needs a signature to pay for a service. This document has imprinted the customer's name and it is enumerated, so in case of being stolen, the customer can request replacement when he/she submits travellers' cheque numbers.

5. What is the coverage of travel insurance?

- Medical expenses.
- Travel delays and trips cancellation or interruption.
- Missed connections.
- Lost or damaged baggage.
- Emergency evacuations.
- Flight accidents.

Solucionario Bloque 1 Capítulo 4

1. What are the main stages in a negotiation process?

I Preparation stage. Knowing everything about the meeting, sides, points to discuss, etc. Setting the agenda stage. Making clear all the tasks to be discussed and determine the reasons for each item.
I Clarification of ideas stage. References to what has been said.
I Disagreement with the other side stage. When one of the sides disagrees with the other, it is suitable to give alternatives and choices.
I Making concessions stage. In order to create an equal situation in which both sides win, making concessions could be the solution.
I Bargaining stage. This is the real core of the negotiation.
I Final stage. Making a short summary of what has been discussed to make clear the points reached and agreed.

2. Define the following words.

I Bargain: negotiation.
I Set the agenda: preparation of the items to be discussed.
I Non-verbal communication: body language, gestures, postures, etc.
I Profit: benefits.
I Drawbacks: disadvantages.

3. What is the difference between an allocation contract and a fixed contract?

I Allocation contract, in which tour operators pay for an estimated number of rooms to be sold.
I Fixed contract, in which tour operators pay for a fixed number of rooms regardless of how many will be sold.

4. Describe what can be negotiated with hoteliers.

I The rack rate of the hotel.
I The number of rooms for groups.
I Large number of rooms, farewell parties, consumptions in the hotel, etc.

❙ Complimentary room for drivers or tour guides.
❙ A written formal to confirm the items agreed. Hoteliers will also ask for a rooming list.

5. Define the ancillary services.

Ancillary services are one of the main constituents of the travel and tourism industry and it can be defined as the additional services a customer may need when going on holiday.

Solucionario Bloque 1 Capítulo 5

1. When reserving a room, what is the essential information that must be given?

- Dates, times and number of nights: it is essential to specify the arrival and departure dates; time is also important to the hotel staff to prepare the rooms.
- Number of people: it is very important to say how many people are going to stay in the hotel. In the case of children, age must be specified.
- Room type: single room, double room, suite, ground floor room, top floor room, room with views.
- Board: bed and breakfast, half board, full board, all-inclusive.
- Facilities required: mentioning what the customer needs.
- Contact information: customer's full name, telephone number, e-mail, type of credit card, credit card number, expiration date.

2. Define "Hotel Services".

These are additional services that a hotel offers to their guests and are paid separately from the price of the room.

3. Which are the most usual conference facilities?

- Audio-visual equipment.
- Flip chart.
- Laptops.
- Printer.
- Secretarial services.
- Modem points.
- Video-conference.
- Break-out room.
- Digital projector.
- Wi-Fi.
- Fax.
- Photocopying.
- Notebooks.
- Lamination.

4. Name different off-site services.

Excursions, city tours, sports like scuba diving, snorkelling, horse-riding tours, tours on a ship, etc.

5. Define the pet service in a hotel.

Some hotels allow people to stay in with their pets. So hotels offer this service that includes a pet bowl, tags, sweets and toys, apart from their pet bed. Others offer special services like dog walking, spa treatment and vet examinations.

Solucionario Bloque 1 Capítulo 6

1. Fill in the blanks with the missing words.

key card	registration card	swipe	guest history	walk-in	room rack

1. I need to **swipe** your credit card to charge the bill, please.
2. There is a **walk-in** waiting at the front-desk.
3. Guests must sign a **registration card** to complete their check-in at the hotel.
4. Well, I'll check the **room rack** to select you a room.
5. Oh my God! I've lost my **key card**.
6. Don't forget to look at the **guest history** to know their preferences.

2. Define "Hotel Register".

A hotel register is a record book that contains information about guests, statistics and revenue data.

3. Why is important the guest history document?

It is important because it reflects the guest's earlier visits to the hotel, his/her preferences and requests.

4. Define "room rack".

It is a board or a screen in a computer that presents the available rooms.

5. Why are important the Customer Satisfaction Surveys?

Customer satisfaction surveys are important because they contain significant information about hotel services, customer care and attention. These surveys reflect the satisfaction with the services obtained by the guest and their complaints.

Solucionario Bloque 2 Capítulo 1

1. Name the different types of Tourist Information Centres.

- ▌ Tourist Information Offices.
- ▌ Visitor Information Centres.
- ▌ Rural Information Centres.

2. Describe in your own words the difference between resource and service.

- ▌ Tourism resources are the native elements which make travellers go to a place or another, like rivers, art, traditions, etc.
- ▌ Tourism services are what make travellers enjoy the resources, like hotels, guiding, Tourist Information Centres, etc.

3. Define Tourist Information System.

A Tourist Information System is normally used by professionals and it is created through a computerized-based programme and data bases to receive and provide information about the tourist sector in general and tourist products in particular.

4. Describe how the tourist information is administered.

The public and private organizations in the tourist sector are in charge of compiling, regulating and distributing tourist data. All this work is coordinated by the Tourist Information network through data bases, computerized programmes and software that exchange information between them to examine it and distribute it later to professionals in tourism and customers.

5. Explain briefly the contents of an information request form.

The contents of an organized request form are customers' personal details, such as name, address, telephone contact number, e-mail, country, etc., and their tourist requirements and questions.

Solucionario Bloque 2 Capítulo 2

1. Name some of the different types of tourism suppliers.

Hotels, B&B, car hiring, fuel stations, tour guiding, insurance companies, restaurants, bars, markets, etc.

2. Which is the order in planning a package holiday?

    a. Making decisions about dates, duration, capacity, hotels and destinations.
    b. Potential destinations compared in-depth.
    c. Identified dates and capacity.
    d. Negotiations with airlines, accommodation and transport. Signed contracts.
    e. Brochure production: photos, descriptions, information.
    f. Estimate the selling prices depending on the exchange rate.
    g. Final package holiday price.
    h. Brochure printed.
    i. Brochure distribution and advertising.
    j. Recruitment of holiday representatives.
    k. First tour departure.

3. Define familiarization trip.

This type of trips allows travel agents, in a low cost tour offered by tour operators, hotel principals, cruise lines and other tourism services suppliers, to know in-depth the tourism products they are going to sell.

4. What do tourism products prices depend on?

- Hotel rack rates, that is the published or official room price.
- Possible discounts depending on the number of travellers, seasonality, destination, etc.
- Possible variations of prices depending on the negotiations about the estimated price for next seasons, or the increase or decrease of services prices depending on the level of demand.

5. **Explain briefly the different functions of a brochure.**

I Informative function, since it is created with the purpose of informing clients about the different services and facilities offered in the place that it is advertised.

I Advertising function, since it may attract clients in order to sell what has been imprinted in the brochure. They way in which it is designed is essential in attracting people. Therefore, slogans, photos and pictures are accurately selected and publicized.

Solucionario Bloque 2 Capítulo 3

1. **Define the three types of tourism.**

   I Domestic tourism or the type of tourism in which a traveller stays in his/her country and visits another city or region.
   I Inbound tourism or the type of tourism in which a traveller arrives in a country from abroad.
   I Outbound tourism or the type of tourism in which a traveller leaves his/her country to visit any other country in the world.

2. **Can you name the different tourist routes?**

   I Gastronomic route.
   I Cultural route.
   I Nature route.

3. **What is the information a tourist information assistant can provide clients?**

   Tourist information assistants can provide information about routes, weather, tourist attractions and leisure possibilities.

4. **Define the following words.**

   a. Hailstone: a tiny ball of ice or snow.
   b. Heat wave: a period of time with high degrees in temperature.
   c. Downpour: a heavy rain.
   d. Blizzard: a snowstorm with strong winds.

5. Explain briefly the different tips a travel agent must take into account when providing information to the client.

▌ A travel agent must listen carefully to what the customer is saying and, at the same time, collect as much information as possible about him/her.

▌ A travel agent must show availability when a client comes to the office.

▌ A travel agent must inform about possible interesting destinations.

▌ A travel agent must use brochures and as many photographs and pictures as possible when informing clients about destinations and services. In case of not knowing so much about what the customer is requiring, travel agents must search information about it or ask for help to any other agent in the office.

▌ A travel agent must try to convince customers to buy tourism products.

▌ A travel agent must be an advisor and a counsellor to customers when taking decisions about travelling and destinations.

Solucionario Bloque 2 Capítulo 4

1. **Define natural renewable resources.**

   Renewable natural resources are those natural materials that can be regenerated by Nature itself, such as water, wind, vegetation, etc.

2. **What is the most important in elaborating a natural resources inventory?**

   In analysing and elaborating an inventory about natural resources, it is vital to identify each natural resource in the zone by evaluating it on site. In this sense, it must be completed a form in which location, description of the area, potential tourists or visitors and ways of access will be annotated.

3. **What is the difference between ecotourism and sustainable tourism?**

   ▌ In sustainable tourism, benefits are invested in the creation of employment in the area.
   ▌ In ecotourism, profits are destined to the conservation of the natural environment.

4. **Define the following words.**

   a. Itinerary: a planned journey.
   b. Inventory: a more completed and detailed list in which the items are normally described.
   c. List: a number of items written consecutively.
   d. Route: a way taken in getting from a starting point to a destination.

5. **Explain briefly the most important tips in elaborating an itinerary.**

In elaborating an itinerary it is vital to collect the following data:

- Location.
- Distances.
- Ways of access.
- Timing.
- Types of activities.
- Transport to be used.

Solucionario Bloque 2 Capítulo 5

1. What are the impacts produced by an uncontrolled tourism upon the environment? Name them.

Ecological impact, geographical impact and social impact.

2. Name the negative aspects of nature-based tourism upon environment.

- Pollution.
- Rubbish.
- Noise.
- Impoverishment of grounds.
- Residual waters.
- Destruction of biodiversity.

3. Define "sustainable development".

The development that meets the needs of the present without compromising the ability of future generations to meet their own needs, according to *Our Common Future*, written by The World Commission on Environment and Development.

4. What are the objectives proposed by the European Union in relation to environment?

- The European Union must ensure a sustainable development society for its country members.
- Conservation, protection and improvement of the environment.
- People's health must be protected.
- Responsible use of natural resources.

5. What are the consequences of climate change?

The changes in the Earth temperature entails periods of droughts, glaciers melting and heavier climate phenomena, such as tornados and tsunamis.

Solucionario Bloque 2 Capítulo 6

1. 1. What is the *Global Code of Ethics?*

"The Global Code of Ethics for Tourism is intended to be a living document. Read it. Circulate it widely. Participate in its implementation. Only with your cooperation can we safeguard the future of the tourism industry and expand the sector's contribution to economic prosperity, peace and understanding among all the nations of the world" (Francesco Frangialli, Former UNWTO Secretary-General, 1998-2008).

2. Name three articles of the *Global Code of Ethics.*

- Article 1. Tourism's contribution to mutual understanding and respect between peoples and societies.
- Article 2. Tourism as a vehicle for individual and collective fulfilment.
- Article 3. Tourism, a factor of sustainable development.

3. Name the hotel measures to be eco-friendly.

- Taking a shower rather than a bath to save water consumption.
- Switching the lights off when they leave the room. Some hotels have installed some mechanisms that control light energy.
- Adjusting the right temperature of air-conditioning.
- A correct use of towels to minimize the use of detergents.

4. What are the most important rules for a tourist in an off-site activity?

- Do not throw away any sort of litter.
- Take with you the rubbish. If tourists put the rubbish in the bins, it can attract animals and it may cause a negative impact.
- Take care with fire and follow the rules.
- Do not offer food to any animal of any kind.
- Take the indicated path.

5. What may a tourist do during the journey?

I   The tourist should eat at local restaurants and stay in local hotels to improve the local economical development.

I   The tourist should conserve and protect the natural environment, flora and fauna, as well as use public transport instead of renting a car. This will diminish pollution and a negative impact on the area.

I   The tourist should be careful with the things acquired as souvenirs. Sometimes, they have nothing to do with the local heritage and, sometimes, they are prohibited things that may put travellers in trouble.

Solucionario Bloque 2 Capítulo 7

1. **Mention some companies that are in charge of accrediting the highest level of quality.**

   There are some companies throughout the world that are in charge of accrediting that a tourism service has reached the highest level of quality. These corporations are Bureau Veritas Quality, AENOR or the European Foundation for Quality Management, among others.

2. **How can employees influence the quality increase of a hotel?**

   Motivating employees through a relaxing working atmosphere, incentives and stimulating them for their good done work increase the level of quality in their performance.

3. **Explain how information about the client's satisfaction can be collected.**

   The customer service department will be in charge of handling with questionnaires, surveys, telephone conversations and letters to know in-depth the clients' level of satisfaction about the services and products received.

4. **Mention the drawbacks in phone surveys.**

   - There is a limit of time. Normally, when a possible customer receives a call of this type, he or she, generally, has no time left to talk, because they are doing something more important for them as taking care of their children, going to work or something else.
   - Lack of body language and gestures, so the verbal communication must be precise and the questions must be clear, concise and concrete.

5. **Explain the different stages in handling a complaint by staff members.**

- Staff may be trained in staying calm and courteous when they are dealing with angry customers. They must remember that clients are not angry with them; they are only frustrated about a situation or problem.
- Staff must learn to listen to customers. When people have a problem, they want to be heard, it is a way of asking for help and calming themselves.
- Staff may understand the whole situation in order not to make customers feel misunderstood. If needed, staff must ask for explanations and paraphrase everything the customer has told.
- Finally, staff may be characterized for their resolute personality in solving problems. It is essential to make clients feel that everything will be fixed up and there will not be anything to be worried about.

Solucionario Bloque 3 Capítulo 1

1. What happens when a traveller goes through Customs in an airport?

Customs officers will ask travellers to show them their passports and if they have something to declare about imported goods.

2. What is the difference between a trip and a tour?

- Trip: it's a journey that one makes to a place and back again.
- Tour: it can be considered an organized trip or a short trip around a place.

3. Define walk-in guest.

A walk-in guest is a client who asks for a room without any reservation.

4. Define appetizer.

Appetizer is a synonym for aperitif.

5. Mention the characteristics of the guiding language.

- Use of extreme adjectives.
- Use of passive constructions.
- Use of rich language.
- Use of superlative adjectives.

Solucionario Bloque 3 Capítulo 2

1. **What are the two essential factors in greeting people staff don't know or meet for the first time?**

   Formality and politeness are two essential factors in greeting people staff may meet for the first time or staff may not be so close to them.

2. **Why is "sir" or "madam" used?**

   It is very common to greet new comers, guests and customers in hotels, restaurants and shops in these ways, because the use of "sir" or "madam" gives importance to clients. The image provided by a check-in clerk in a hotel, welcoming guests with a "Good morning, sir" sounds politer and more formal than a simple "Good morning".

3. **Write the procedure to follow a person introducing oneself.**

   ▌ He or she may look at the other's eyes in a relaxing way. Eye contact is essential in conversation, since it shows reliability and attention in what the other is telling you.

   ▌ Body language. The person who is introducing oneself may smile, because it gives a very positive impression. Normally, a handshake can tell a lot about a person; a firm handshake shows self-confidence and an extrovert personality.

   ▌ Just after the handshake, you may say your name and surname. It is convenient to repeat the other members of the group's names when greeting them, just to remember.

   ▌ In order to give an extrovert image, it is important for you to talk a little about yourself, giving not a few details but trying to start an interesting conversation.

4. **Write the procedure to follow a person introducing other person.**

   ▌ First of all, it is essential to give the complete name and the status of the person introduced. The rest of the group may know who he or she is. To do so, it is important to begin with phrases like "I'd like to introduce you to..." or "This is...".

> I Then, you may give details of that new person, you may talk about his or her post, interests, how you met her or him, etc. This is done with the purpose of starting a relaxing conversation among new colleagues or friends.

5. Mention some expressions used for apologies.

> I Excuse me... In British English, this expression is normally used for attracting somebody's attention. However, this expression is widely used for apologizing in American English.
> I I'm sorry. This is an informal apology, that is to say, it is frequently used in everyday British language.
> I I beg your pardon, sir/madam.
> I I'm terribly sorry.
> I I'm so sorry, sir/madam, for...
> I I apologize for...
> I Pardon. This expression is used to make the counterpart repeat what he said because you have not heard or understood.

Solucionario Bloque 3 Capítulo 3

1. **Mention the most important characteristics of formal language.**

   - It is not spontaneous.
   - Words may be thoroughly chosen.
   - Words cannot be abbreviated.
   - Verbs cannot be contracted and the use of phrasal verbs must be reduced to a minimum.
   - The use of personal pronouns must be avoided, overall the personal pronoun "I". It is preferable the use of "we" to formalize a text or speech.
   - Passive voice may be used instead of active voice.
   - Sentences may be longer than in informal language. The complexity of sentences and the use of linkers as "nevertheless", "due to the fact that", "on the other hand".
   - Relative pronouns; they may not be omitted.
   - Modality is also used in formal language.
   - Formulaic expressions in formal language.

2. **Mention the most important characteristics of informal language.**

   - It is improvised, since it flows at the time of the conversation itself.
   - The use of slang is also used in informal conversation.
   - Delaying expressions such as "you know" or correcting expressions of the type "what I mean".
   - Words may be abbreviated.
   - Verbs are contracted and the auxiliary verbs are dropped from the sentences.
   - Active voice is continually used to make conversation dynamic.
   - Phrasal verbs like "come across" instead of "encounter".
   - Sentences are normally simple and short, in order to get straight to the point. As a result, the use of relative pronouns is strongly reduced to a minimum.

3. **Define "weak word".**

   Weak words are terms of the type of "nice", "big" or "got". These words are normally unstressed in the sentences and they lack of strong meaning.

4. Define hesitation filler.

Sound or word used in oral language when the speaker makes a pause in the speech.

5. Mention the main differences between oral and written language.

In written language there is no feedback, since there is no an addressee. Besides, language must be explicit when writing is used, as there is no reference outside the text. Finally, the organization of the text must be highly structured to provide a clear comprehension.

Solucionario Bloque 3 Capítulo 4

1. Mention the different types of customers.

- Distrustful customer.
- Calm customer.
- Loquacious customer.
- Upset customer.

2. Explain the essential procedure in dealing with complaints.

- Be calm and listen carefully to the customer to try to find out the nature of his/her dissatisfaction.
- Empathize with the customer and apologize for the inconveniences produced.
- Use a positive body language, gestures and postures. It is essential to make customers feel they are listened to and attended.
- Offer possible solutions to the problem without arguing with the customer and without using the phrase "it's our policy".
- Ask whether the solution provided is accepted by the customer.
- If this is not the case, ask for the manager or supervisor assistance.
- Make sure of taking notes and details of the customer and his/her complaints and the actions carried out.
- Don't forget to put into practice what you have promised.

3. Explain briefly the most habitual situation of customers' complaints at the airport.

Overbooking, delayed or cancelled flights, poor service or rude stewardess and lost luggage are some of the habitual problematic situations travellers may face when deciding travelling by air.

4. Explain briefly the most habitual situation of customers' complaints in a hotel.

Dirty hotels, noisy rooms, poor service, overbooking, overcharging and so on, are some of the usual dreadful situations customers frequently fear when they decide to book a room in a hotel they have not stayed before.

5. **Explain briefly the most habitual situation of customers' complaints in a restaurant.**

Facing a problem about a poor service, about a mistake on the bill or even about the food may ruin a day or a night of any customer.

Solucionario Bloque 3 Capítulo 5

1. Positive aspects of complaints.

▪ Dealing with complaints provides the opportunity to managers and supervisors of understanding and recognizing the possible weakness of the service provided. Consciousness about where the error is can improve the service, since it will be able to rectify on time without affecting future customers.

▪ Customers who complain and feel that they are adequately listened to and attended will be possibly loyal customers. Everybody knows that possible errors can be committed, though everybody also knows that they can be amended. Therefore, complaints handled correctly may be considered as a way of gaining a faithful client.

2. Why are apology letters important?

Apology letters are important in business because they are used to try to amend some possible errors committed. It would turn irritated customers into faithful clients. In fact, written apologies are more effective than verbal ones.

3. What are surveys and questionnaires used for?

Surveys and questionnaires may provide the exact feedback a business needs to grow, expand and improve. Managers and supervisors will be able to know their customers and what they really expect when they decide to request their services. It is a matter of getting to know your clients and future customers, their likes, preferences and desires.

Bearing this in mind, it can be said that it is essential for every business dealing with customers directly to produce and deliver customer satisfaction questionnaires to make their services grow.

4. Why is essential to have a smile while you are talking over the phone?

This helps staff not to sound annoyed when dealing with a complaint. It is very important to show the right attitude to a customer. A smile is a courteous and polite attitude that, though not seen, can be perceived by the customer through the phone line.

5. How the staff can build a relationship with the customer from the beginning?

Through the expression of your body language and through an active listening.

I Body language. In order to fulfil the expectations, your body must express attention, care, empathy and sympathy. In this sense, the face must communicate empathy, the arms must be opened and not crossed, the body must be relax and in a close distance. The movements must be slow to appease the situation.
I Eye contact must be continuous and gestures must express your attention to the problem and inconvenience experimented by the customer.
I Active listening. In order to make the customer feel that he/she is attended, taking notes, nodding with the head and facial expressions must be put into practice.

Solucionario Bloque 3 Capítulo 6

1. Which situations do travel insurances cover?

- Medical expenses.
- Hospital care.
- Medicine expenses.
- Cancelled or delayed departures.
- Lost or damaged luggage.
- Curtailment.
- Injury.
- Accidents.
- Loss of important documents.

2. Sum up the procedure in giving advice.

- The first step is dealing with stressful customers in trying to calm down the situation, offering help in a calm, soft tone.
- As in complaints, listening actively to the customer is essential to relax customers and to find out every detail of the conflictive situation.
- Giving amicable solutions, advice and suggestions to ensure and create a sensation of support and assistance in the irritated customer and in the whole group of clients, who, in many occasions, may adopt the behaviour of the stressful customer.

3. Which are the commonest accidents occurred when travelling?

- Injuries and falls when going on an adventure holiday.
- Food poisoning accidents.
- Injuries from natural attractions.
- Natural disasters like hurricanes, tornados, tsunamis.
- Cruise drowning.
- Animal attacks.
- Accidents caused by winter storms and snow.
- Transport accidents, mostly on the road.
- Fire accidents.

I Heat.
I Animal bites, such as mosquitoes, snakes and so on.

4. Describe the procedure in emergency situations.

I The first step is to identify if there is a real crisis.
I The second step, then, is to contact the emergency services, in this case, the ambulance.
I Tourism professionals must secure, then, their customers' safety. This is a priority in any critical situation where tourists are involved.
I Tourism professionals must provide support and aid to their customers. This support may be physical, moral or emotional.

5. How should staff behave in an emergency situation?

I Be calm and speak in a calm voice and tone. This will help to calm down customers and the situation.
I Use a directive approach to customers and take control of the situation.
I Don't try to make sense with a stressful customer. This will make him or her feel angrier and more stressed.
I Use a soft but firm and clear tone of voice.
I Give customers enough personal space.